教育的语言

[美] 伊斯雷尔·谢弗勒 著
Israel Scheffler

丁道勇 黄向阳 译

The Language of Education

教育科学出版社

·北 京·

出 版 人　郑豪杰
责任编辑　薛　莉
版式设计　杨玲玲
责任校对　贾静芳
责任印制　米　扬

图书在版编目（CIP）数据

教育的语言／（美）伊斯雷尔·谢弗勒
（Israel Scheffler）著；丁道勇，黄向阳译 . --北京：
教育科学出版社，2025. 1. -- ISBN 978-7-5191-4158-5

Ⅰ. G40-02

中国国家版本馆 CIP 数据核字第 2024ET9919 号

教育的语言

JIAOYU DE YUYAN

出 版 发 行	教育科学出版社		
社　　　址	北京·朝阳区安慧北里安园甲 9 号	邮　　编	100101
总编室电话	010-64981290	编辑部电话	010-64981252
出版部电话	010-64989487	市场部电话	010-64989009
传　　　真	010-64981796	网　　址	http://www.esph.com.cn
经　　　销	各地新华书店		
制　　　作	北京金奥都图文制作中心		
印　　　刷	三河市兴达印务有限公司		
开　　　本	787 毫米×1092 毫米　1/32	版　　次	2025 年 1 月第 1 版
印　　　张	7.25	印　　次	2025 年 1 月第 1 次印刷
字　　　数	115 千	定　　价	58.00 元

图书出现印装质量问题，本社负责调换。

给塞缪尔、劳利以及他们的老师①

---

① 谢弗勒夫妇育有一子、一女，这里的塞缪尔是他们的儿子，劳利是他们的女儿。——译者注

目　录

教育定义的陷阱　　　　　　　　　　　　丁道勇／001

语言分析的魅力　　　　　　　　　　　　黄向阳／035

前言　　　　　　　　　　　　　　　　　　　　／001

导语　　　　　　　　　　　　　　　　　　　　／001

第一章　教育中的定义　　　　　　　　　　　　／013

第二章　教育口号　　　　　　　　　　　　　　／050

第三章　教育隐喻　　　　　　　　　　　　　　／068

第四章　教　　　　　　　　　　　　　　　　　／088

第五章　教与告诉　　　　　　　　　　　　　　／114

结语　　　　　　　　　　　　　　　　　　　　／154

教育定义的陷阱[①]

丁道勇

〰〰〰〰〰〰〰〰〰〰〰〰〰〰〰〰

　　谢弗勒（Israel Scheffler）被认为是杜威以后美国最重要的教育哲学家[1]，《教育的语言》（*The Language of Education*）是教育哲学领域的典范作品。该书"导语"部分写道："如前所述，我还希望在分析过程中被作为工具来引入的若干区分和概念，可以在更广泛的领域发挥作用。"[2] 这里的"区分和概念"，既包含谢弗勒在该书第一部分对于定义（definition）、口号（slogan）和隐喻（metaphor）的"区分"，也包含该书第二部分在分析"教"（teaching）时用到的若干"概念"。在"结语"部分，谢弗勒再次强调："与第一部分呈现的通用策略类似，本书第二部分提出的这些考虑，也适用于那些未经讨论的案例。……同样，'成功'用法与'意向'用法、周延规则与不周延规则、效用解释与非效用解释

──────────

　　① 改稿见于：丁道勇. 教育定义的陷阱：基于谢弗勒《教育的语言》的六项推论［J］. 教育研究，2024（9）：65-75.

以及合理命令与不合理命令的区分，也完全可以用于本书未予处理的其他教育问题。"[3] 这些内容都表明，《教育的语言》不只是一项谢弗勒所说的"哲学问题的探究或哲学方法的运用"，同时也是一本有"用"的书，有重要的现实价值。

可惜的是，《教育的语言》行文偏直白、论证偏绵密，作为一本有专业技术含量的分析教育哲学作品，这本书不像教育普及读物甚至一般教育理论书籍那样容易上手。另一方面，或许与这本书在教育哲学史上的独特地位有关，人们更容易看到它的历史价值，反而忽视了那些已经成为今日教育界普遍共识的"区分和概念"的现实价值。作为本书简体中文译本的译者，我很担心读者会出于上面两项原因错失这本佳作。① 为此，本文以

---

① 关于谢弗勒及其作品，国内其实早已有过介绍，只是一直停留在碎片化的水平上。我目前看到的几条重要线索包括：（1）国内有关谢弗勒的最早记录，是1964年的译文《分析的教育哲学导论》。（谢甫勒．分析的教育哲学导论［M］//白恩斯，白劳纳．当代资产阶级教育哲学．瞿菊农，译．北京：人民教育出版社，1964：160-170.）该文源自谢弗勒在1953年发表的一次演说，被认为是分析教育哲学的起点。谢弗勒在其中写道："我想，现在已经到时候，作为教育哲学上的一项正当的和重要的研究，考虑如何把分析哲学应用到教育问题上了。"文章于1954年在《哈佛教育评论》上刊出，此后陆续被收入不同的文集当中。（2）1982年陈友松主编的《当代西方教育哲学》收录有奈勒《教育哲学导论》一书的译文。该书分专章谈到了逻辑经验主义和语言分析哲学，谢弗勒是其中 （转下页）

《教育的语言》第一章有关教育定义的分析为基础，报告谢弗勒工作的几项实际应用。（这也是对谢弗勒在"导语"和"结语"部分留下的那些伏笔的呼应。）根据本文报告的六项推论，当今教育研究和教育讨论中的一些常见言说方法，在教育定义的使用上犯了这样那样的典型错误。类似的情况在期刊论文、学位论文当中反复出现，造就了大量无效的论证和无意义的讨论，降低了教育研究和教育讨论的品质，对于教育学领域的知识生产造成了破坏性的影响。

一、谢弗勒教育定义分析的日常语言指向

曾任加拿大教育哲学协会主席的巴罗（Robin Barrow）评论过谢弗勒的工作。[①]巴罗先是重申了哲学的四项特

（接上页）介绍的重要人物。（陈友松．当代西方教育哲学［M］．北京：教育科学出版社，1982：131.）（3）在1997年出版的《"教育学视界"辨析》当中，陈桂生借用索尔蒂斯（Jonas F. Soltis）的转述，介绍过谢弗勒对于教育定义的分析。（陈桂生．"教育学视界"辨析［M］．上海：华东师范大学出版社，1997：9-10.）陈桂生的介绍参考了《教育学文集：教育与教育学》中有关索尔蒂斯的译文。（瞿葆奎，沈剑平．教育学文集：教育与教育学［M］．北京：人民教育出版社，1993：32.）由于谢弗勒《教育的语言》正体字版在1994年出版，同时也由于国内有关元教育学的讨论等发生变化，此后中文材料中提及谢弗勒的内容就逐渐多起来了。

① 该文出自一本谢弗勒纪念文集，由谢弗勒的学生西格尔（Harvey Siegel）编辑。巴罗是帕特里夏·怀特（Patricia White）的学生。怀特夫妇（约翰·怀特和帕特里夏·怀特）则是比彼得斯　（转下页）

征——清晰、连贯、完备和兼容，进而认为谢弗勒对于教育隐喻的使用过分宽容了。巴罗认为，这会鼓励人们在讨论教育问题时回避直接的表达，转而采取各种迂回、模糊的策略。[4] 且不论巴罗给出的结论是否合理，仅就其批评的指向而言，是可以帮助我们把握谢弗勒的工作主题的。1952 年，谢弗勒在著名的分析哲学家古德曼（Nelson Goodman）的指导下，完成了自己的博士学位论文。论文题为《论引述》（On Quotation），研究的主题是非直接沟通现象。这开启了谢弗勒持续终生的研究课题，可以概括为对于日常语言中各种歧义和模糊现象的研究。更直接地说，谢弗勒要解答的问题是，凭借有大量歧义和模糊现象的日常语言，人与人之间的沟通如何实现？①

（接上页）（Richard Stanley Peters）、赫斯特（Paul Heywood Hirst）等人更晚一辈的英国分析教育哲学家。在分析教育哲学领域，来自哈佛的谢弗勒、来自伦敦的彼得斯和来自牛津的赫斯特是齐名的三个代表人物。（国内有作者在工具书中说彼得斯是谢弗勒的学生，这是一个误会。）前文提到过的索尔蒂斯，也是谢弗勒的学生。

① 这里的"歧义"对应于"ambiguous"和"ambiguity"。这个译法是基于谢弗勒对"ambiguous"和"vagueness"（"模糊"）的区分。说一个陈述包含"歧义"，是说该陈述可以理解为多个意思；说一个陈述是"模糊"的，是说该陈述没有清楚表达任何意思。谢弗勒最重要的两本哲学作品——《超越言辞》和《符号世界》，都安排了多个章节来讨论语言中的歧义和模糊现象。

《教育的语言》是谢弗勒的第一本个人专著，对于其中有关教育定义的分析，也要根据谢弗勒的这一工作主题来定位。1958 年，谢弗勒在伦敦完成了《教育的语言》，并开始着手另外两本书的写作，分别是《超越言辞》（*Beyond the Letter*）和《符号世界》（*Symbolic Worlds*）。[5] 这三本书的共同主题就是日常语言中的歧义和模糊现象。比如，在《超越言辞》当中，谢弗勒写道："哲学和其他研究往往以一种理想语言的概念为指导，即完全精准、确定、纯粹字面且具有完美单义性的语言。当然，理论家们也已经认识到，实际的语言远远达不到这种理想程度。不过，他们仍然希望通过简化的结构来入手，最终揭示语言的实际特征和运作。"[6] 在这些理论家看来，"模糊、歧义和隐喻，主要被作为一种有待克服的问题，是对于理想语言的偏离"[7]。与他们的选择不同，谢弗勒要研究的是自然语言，不是一种替代性的理想语言。就分析哲学的两条路径来看，谢弗勒选择的显然是日常语言分析，并没有走人工语言的道路。对于谢弗勒工作的这一理论定位，表明他对于教育定义的相关分析并不是要排除其中的各种歧义、模糊现象，而恰恰要在承认这些东西的前提下，探索教育定义的作用和限度。①

按照谢弗勒的概括，《教育的语言》前三章是一个部分，后两章是另一个部分。其中，第一部分用三个章节分别讨论了包含定义、口号以及隐喻的三类教育陈述。第二部分以逐步深入的方式，讨论了"教"在日常语言当中的不同用法。本文报告的六项推论，主要是在延续第一章有关教育定义的相关分析。在第一章当中，谢弗勒首先对科学语境与日常语境做了区分，明确接下来要分析的是日常语境中的各种"常规定义"（general definition）。在此基础上，他进一步把常规定义细分为三类，分别是"约定型定义"（stipulative definition）、"描述型定义"（descriptive definition）以及"规划型定义"（programmatic definition）。② 对于每一个定义类型，谢弗勒

① 关于这一点，赫斯特和彼得斯有更直接的表达：只有"涉及不严谨的定义时，才引发概念分析"（Hirst P H, Peters R S. 教育的逻辑［M］. 刘贵杰，译. 台北：五南图书出版有限公司，1994：8.）。换句话说，恰恰是日常语言在语义方面的歧义和模糊，让概念分析获得了必要性。

② 沈剑平、唐晓杰在翻译索尔蒂斯的作品选段时，把谢弗勒《教育的语言》中的三类定义分别译作"规定性定义""描述性定义"以及"纲领性定义"。（瞿葆奎，沈剑平. 教育学文集：教育与教育学［M］. 北京：人民教育出版社，1993：32.）这篇译文节选自索尔蒂斯的《教育概念分析导论》第 1 章。原书首版于 1968 年，译文内容取自该书 1978 年版。该书正体字版把谢弗勒的这三类定义译作"约定性定义""叙述性定义""规画性定义"。（Jonas F. Soltis. 教育 （转下页）

都描述了它的主要功能和评判标准。不难想象，正因为这些内容在处理日常语言，所以谢弗勒在展开分析工作以前，会先对科学语境与日常语境、科学定义与常规定义做出区分。在《教育的语言》出版近 40 年以后，有人对书中用到的单数的"教育的语言"是否可能提出了疑问，并认为谢弗勒分析的实际上是不同语境中的不同语言。[8] 这样的讨论，进一步明确了这里对于谢弗勒教育定义分析的理论定位。与谢弗勒的立场一致，本部分讨论的这些教育定义的陷阱，也是要揭露由自然语言的种种歧义和模糊带来的沟通难题。

二、约定型定义分析要点及初步推论

（一）分析要点

约定型定义的首要目的是简化冗长的描述，代之以一个缩略的表达（要点①）。这种缩略的表达，可能此

（接上页）概念分析导论 ［M］. 简成熙，译. 台北：五南图书出版有限公司，1995：4-5.）得到广泛使用的十二院校版《教育学基础》在提及谢弗勒《教育的语言》时，采用了沈剑平、唐晓杰的译法。（全国十二所重点师范大学. 教育学基础 ［M］. 北京：教育科学出版社，2002：5.）正体字版《教育的语言》首版于 1994 年，这个译本把谢弗勒的三种定义分别译作"约定型定义""叙述型定义"以及"计画型定义"。（谢富勒. 教育的语言 ［M］. 林逢祺，译. 台北：桂冠图书股份有限公司，1994：11-18.）

前就已经广为人知，也可能是一个未曾流通过的新符号。如果是前一种情况，这个定义可以称为非首创（non-inventive）约定；如果是后一种情况，这个定义就可以称为首创（inventive）约定。不过，即使是非首创约定，此类定义的目的也不是体现定义项（*definiens*）的前期用法，而是实现言说上的便利。① 因为不受定义项前期用法的约束，所以约定型定义的定义项选择是任意的（要点②）。举例来说，为了研究成熟期教师的师生关系特质，研究者需要先行明确哪些是成熟期教师。比如，从教十年以上、拥有中级以上职称、在学校担任学科组或年级组组长等。此时，定义的目的不是解释"成熟期教师"的前期用法，而是替代包含教龄、职称、职务的某个复杂描述。这里的"成熟期教师"就是一个非首创的约定型定义。约定型定义一旦流通，就很快会转换成一个有既定用法的概念。但是，在订立用法约定

① 对于文中用到的"定义"、"概念"、"被定义项"（*definiendum*）、"定义项"，试说明如下：（1）"定义"是对某个"概念"内涵的说明。（2）内涵有待说明的这个"概念"，是该定义的"被定义项"。（3）用来说明"概念"内涵的，是该定义的"定义项"。在《教育的语言》中，谢弗勒用举例子的方式，介绍了定义公式的形态："灌输 = df 以单面方式呈现问题"。在这里，" = df"左边的是"被定义项"，右边的就是"定义项"。要留意的是，在谢弗勒的描述型定义当中，"被定义项"是一个"概念"；约定型定义的情况正好相反，以"概念"形式出现的反而是"定义项"了。

的最初时刻，这却是一个明显的约定型定义。杰克逊（Philip W. Jackson）的"隐形课程"概念就是一例。①杰克逊创造了这个概念，用来指称学校制度生活对于学生造成的系统性附带影响。[9] 评判一个约定型定义，关键的标准是看这种约定用法在语境当中能否"一以贯之"（要点③）。[10]（是否便利是评判约定型定义的另一项标准。这更多是语言学层面的标准，本文对此存而不论。不过，"隐形课程"在这项标准上也非常成功。）本书对于约定型定义着墨不多，不过此类定义在教育界的应用相当广泛，与之有关的误用也很常见。

---

① 简成熙在1994年提交博士学位论文，他是我目前所知唯一以谢弗勒为题撰写博士学位论文的华人。所以，在本文草成以后，我也专门请教了他。关于"隐形课程"一词的判断，简教授认为："从该理念的提出及尔后的影响（看），我会认为是接近描述型、规划型定义。虽然隐形是该概念新词，但算是修饰语。隐形课程仍是要表达不要忽略课程中隐藏的意识形态等（仍是对课程意义的描述），有很浓厚的批判、实践意涵（所以我说也有规划型定义的旨趣）。"我在回复这一意见时写道："谢弗勒的定义分类，看着是分了三类，其实彼此之间难舍难分。我会把一个名词的初创都理解成约定型。同时，又因为课程概念有前期用法，所以这种约定型会和规划型重叠。"如今看来，我的答复或许还应该补充一句："约定型定义一旦达成，就为后来人回顾前期用法提供了可能。这样，初创时的那个约定型定义，在后来人那里就转变成了描述型定义甚至规划型定义。"（公布这些对话记录，已征得简教授本人同意。）

（二）初步推论

推论一：有相同定义项的不同研究，研究结论未必有可比性

根据要点③，恰当运用约定型定义，要求在同一项研究当中保持用法的一致。同时，根据要点①，这种用法上的内部一致，对于使用了相同定义项的其他研究缺乏约束力。约定型定义的这一特点，保留了定义项用法上内部一致、外部不一致的可能。比如，在同一项研究当中，研究者或许能始终坚持定义项的约定用法，保持定义上的"一以贯之"；在检索相关研究文献的阶段，研究者使用的关键词检索策略，却不能控制不同文献对于相同定义项的用法。（实际上，在确定研究对象的阶段，研究者或许还会详细描述并服从自己制定的约定用法；在陈述研究发现和形成研究结论的阶段，研究者却往往开始破坏自己此前的约定了。）不难想象，使用了相同定义项的不同研究，实际的研究对象未必一致。据此可以推论，基于约定型定义的定义项来检索文献，所得不同文献的研究发现和结论很可能并不可比。

在上述有关成熟期教师师生关系特质的研究当中，研究者需要尽早约定好"成熟期教师"是对哪些教师的概称。这是避免在行文时反复做冗长描述的一个有效策略，其中使用的就是非首创的约定型定义。在理想状况下，只要研究者能在研究当中对于该定义项采取一致用法，人们就不能反驳该约定型定义的用法。问题在于，在对比同类型研究的发现和结论时，研究者很可能会用"成熟期教师"作为关键词来检索，不再理会所得文献中的"成熟期教师"有没有一致用法。比如，文献报告的研究对象可能在教龄、职称、职务方面都未做要求，专看其教学能力水平，也可能在这些东西之外还额外附加年龄、获奖、荣誉称号等限制条件。结果，彼处的"成熟期教师"在此处未必合格，反过来也成立。可以看到，研究者先是为了言说的便利，用作为缩略语的"成熟期教师"替代对于研究对象参数的详细描述。而在援引相关文献时，研究者迅速放弃了对于"成熟期教师"的用法约定，开始根据定义项本身来筛选文献了。①

---

① 推论一提出的问题，在教育实证研究当中大量存在。但是，只要能意识到问题的存在，解决起来就不困难。在上面这项研究当中，可以把"成熟期教师"这个非首创约定改为首创约定，比如将其约定为"甲类教师"。"甲类教师"这个定义项没有前期用法，因此是一个首创约定。在使用"甲类教师"指称研究对象时，要找到适合作为比较对象的相关文献就会困难得多，这要求研究者在搜寻和使用相关文献时采取更加谨慎的态度。此时，研究者虽然有"甲类教师"这个简省的称呼，但他还是要反复回到"甲类教师"的实质内涵上来（也就是该定义的被定义项）。这样的回溯，恰恰可以避免在教育研究中常常出现的"偷换概念"的毛病。

推论二：约定型定义的定义项，无法建立稳定的研究结论

根据要点②，只要不带来有害的联想，约定型定义的定义项就可以任意选择。据此可知，约定型定义的定义项本身并没有稳定的内涵。尤其是在非首创的约定型定义当中，定义项本身有很大可能被不同研究者、以不同方式使用过。（首创的约定型定义也不排除有这种可能。）可是，没有什么力量可以约束不同的研究者，让他们对同一个定义项采取一致用法。换言之，定义项的适用案例并未构成一个相对稳定的集合。维特根斯坦的例子，有助于说明这种情况："让我们设想这个例子。我想在日记中记录某种重复出现的感觉。为此，我把它和'E'这个符号联系在一起，在有这种感觉的日子里，我就在一本日历上写下这个符号。"[11] 在这里，字母"E"是对某种私人感觉的简约表达，可以认为是一个首创的约定型定义的定义项。此时，字母"E"的用法是私人的、任意的，它不是一种公共语言，无法用于人际沟通。这是因为，字母"E"本身没有稳定内涵，完全可以指称不同的"感觉"。使用字母"E"的两份报告，很可能报告了完全不同的"感觉"。因此，关于字母

"E" 本身的任何结论性判断实际上都不稳定。①

　　上述有关成熟期教师的研究，也可以用来说明情况：根据要点②，"从教十年以上、拥有中级以上职称、在学校担任学科组或年级组组长的教师"，可被称作"成熟期教师"，也可被称作"职业中期教师""高原期教师"等。②定义项的这种任意状况的后果是，两项同样以"成熟期教师"为对象的研究，实际上研究的未必是同一类教师（推论一）。同样，单看约定型定义的定义项，比如"成熟期教师"和"平台期教师"，人们也很难判断不同文献报告的是不是同一个类型的教师。总之，像是"成熟期教师"这样的概念，可能只是某个约

---

　　① 普特南（Hilary Putnam）的孪生地球实验，支持推论二的结论。（王文方．语言哲学［M］．台北：三民书局，2011：86-88．）这个思想实验设计了一个在各方面都与地球别无二致的孪生地球。两个星球的唯一差别是"水"的分子结构不同。当孪生地球上某个名叫张三的人说要喝水时，地球上那个与之对应的张三也可以在完全相同的用法上说自己要喝水。有趣的是，尽管两人对水的用法一致，以为自己说的是同一个意思，但他们口中的"水"事实上并不一致。王文方对这个思想实验的总结是："一个语词的意义绝对不等同于一个语言社群的人对于该字所约定的'用法'，或与该字的用法有关的任何一组规则。"（王文方．语言哲学［M］．台北：三民书局，2011：202．）在孪生地球实验当中，用法一致不能保证"水"的意义也相同。这从另一个角度与推论二相一致。
　　② 人们大概不会把这组教师称为"新手教师""初任教师"，所以约定型定义（尤其是非首创的约定型定义）的定义项选择并不完全任意。

定型定义的定义项。("成熟期教师"这个定义项比较特殊，它看起来颇有学术味道，所以迷惑性也更大。如果把它置换成"老教师""甲类教师"，就很容易看到这类名词在内涵上的不稳定性了。) 换句话说，在定义项选择上的任意性决定了采用同一个定义项的不同研究，研究对象的实际内涵或许并不相同。因此，关于约定型定义的定义项，无法建立稳定的研究结论。[①]

三、描述型定义分析要点及初步推论

(一) 分析要点

描述型定义的目的是说明被定义项的前期用法。典

[①] 在说明推论二时，同时提到了推论一，因为二者是一体两面的两项推论。在教育研究领域，推论一可以用来规范教育实证研究的文献使用，推论二则可以用来排除一系列把工作概念当作术语使用的情况。这类工作概念，主要采取非首创约定的方式来定义，比如本文例举的"成熟期教师"以及常见的"优秀教师""骨干教师""优秀大学毕业生""学困生"等。约定型定义在定义项选择上的任意性，削弱了此类研究的价值。因为没有稳定的内涵，所以这些工作概念不适合作为研究对象。(在这里，可以参考涂尔干《社会学方法的准则》中的"社会事实"概念。) 不难理解，"优秀大学毕业生"并不是一个稳定人群。这个人群的组成，在很大程度上取决于某种约定。因此，"优秀大学毕业生"的各项参数，比如抗逆力水平、学习动机等都不是有价值的研究课题。这告诉我们，在教育研究中应避免把工作概念当作研究对象。这是推论二在教育实证研究领域的一个应用。

型的描述型定义是词典里的释义，比如："丁"在第一版《新华字典》里有四种解释，分别是天干的第四位、成年男人、遭逢以及小方块。[12] 这几项内容都是对各种前期用法的报告。据此可知，在界定某个被定义项时，如果声称要反映概念的前期用法，那么这个定义就是描述型定义。此时，即使提供的用法说明并不准确，也只能说该定义未能准确反映前期用法，该定义的属性仍可保持不变。与约定型定义相比，描述型定义的被定义项更短，其定义项是对被定义项前期用法的具体描述，文字表述更长。衡量一个描述型定义的好坏，就看该定义对被定义项前期用法的表达是否准确（要点④）。换句话说，描述型定义的定义项内容并不任意，受被定义项前期用法的约束。这里的"前期用法"，明确了哪些案例适用于被定义项，哪些案例不适用于被定义项。书中写道："我们不能认为，任何给定术语的前期用法全都一致且周延。"[13] 这里的"一致"，表明被定义项的前期用法有可能不止一个，因此被定义项的使用有可能出现歧义（要点⑤）。比如，"trunk"可以指某种箱子，也可以指大象身体的特定部位。为了确定这个词的真实含义，要进一步从语境中寻求帮助。谢弗勒所谓"周延"，指的是被定义项既包含明确适用的案例，也包含未决案例、临界案例（要点⑥）。比如，"chair"通常指可以坐的椅子，但是否包括在"娃娃家"里用到的玩具椅子，就并不明确了。

（二）初步推论

推论三：辞源分析不能确定被定义项用法，只能表明其有过某种用法

根据准确反映前期用法的程度（要点④），可以识别出描述型定义的品质。但是，在很多情况下，一个被定义项的前期用法未必只有一个（要点⑤）。此时，所谓准确反映前期用法，实际上只是对其中一种前期用法的说明。（如果同时呈现多种用法，就不是在下定义了。先是罗列同一个概念的多个不同定义，后以合并同类项的方式来得出自己的定义，这在教育学领域很常见，但不是一种可取的做法。）如果一个被定义项的前期用法不止一个，那么相应的描述型定义就至多能如实报告其中一种前期用法，描述型定义没有能力在多个存在冲突的前期用法之间做出筛选。这是要点⑤对于要点④的补充，表明了描述型定义的能力限度。在教育研究和教育讨论当中，可以根据这项补充对常见的"辞源分析"做出规范。在我接触过的所有中文教育学教科书当中，都包含对于"教"的中外文辞源分析。它说明了"教"在某时、某地的用法，因此辞源分析所提供的也可以认为是一种描述型定义。同时，正因为得到说明的是"教"

曾经出现过的某种用法，所以辞源分析无法对"教"的当前用法做出规范。（与辞源分析类似，援引学术权威的话也只能表明被定义项有过某种用法，不能就此确定被定义项应该怎么用。这是教育学领域的另一种常见错误。）推而广之，准确描述被定义项的某种前期用法，不能否定被定义项有可能还有其他潜在用法；不能因为当前用法确实出现过，就认定该用法是唯一正确的用法。简言之，准确不等于正确。

举例来说，"教"在《说文解字》上的解释是"上所施下所效也"。但是，现代人的"教"未必要坚持"施""效"的意思。在一些存在主义教育哲学家看来，完全上行下效反而是一种危险的灌输。类似的，尽管英语中的"education"可以追溯到拉丁文中的"*educere*"（"引出"），但这并不表示"education"必须谨守这层意思，实际上很多当代人在用到"education"时更强调人与环境的交互作用，不再是引出与生俱来的东西。根据要点⑤，当被定义项有不止一种前期用法时，辞源分析无法解决被定义项的内涵争议。辞源分析能表明在过往曾经出现过某种用法，但为了反驳他人对于某个概念的用法，仅仅是准确刻画这个概念的某种前期用法还远远不够。的确，高质量的辞源分析可以找出被定义项有过哪些前期用法，这有助于人们了解被定义项内涵的演变历程；这种事实性的说明，能够丰富人们对于被定义项用法的理解，明确哪些内涵被放弃了、哪些是后期加入进来的。但是，指望通过辞源分析来规范某个教育概念的用法，这是对辞源分析的误用。相应地，在反驳他人的定义时，借助辞源分析或者类似的方法来给出一个不同但同样准确的前期用法，也是一种无效论证。

推论四：操作定义免受前期用法约束，这种便利往往被滥用

在教育学学位论文、期刊论文中经常出现"操作定义"，其典型形式是"本文把……定义为……"。看起来，这种操作定义就是要提供一种约定用法。或许正因为这一点，人们容易把操作定义与谢弗勒的分类联系起来看，以为操作定义就是约定型定义或者规划型定义。这是一个误判，操作定义实际上另有源头。在教育实证研究当中，描述社会现象、检验研究假设，往往要对概念做操作化（operationalization）处理。操作定义可以把无法直接观测的概念转换为可以观测的对象。这是"操作定义"的真正来源。比如，巴比（Earl Babbie）对于操作定义的说明，就放在"概念化"的名目之下：操作定义（operational definition）"明确、精确地规定了如何测量一个概念——也就是说，如何操作"[14]。当然，操作定义完成的这种操作化，是否在根本上置换了原本要研究的对象？这就是操作定义要面临的一大难题了。在研究智力时，研究者往往把智力等同于智力测验可以测量的东西。通过智力概念的操作定义，人在智力测验中的表现被对等于智力本身。可事实上，关于什么是智力，研究者中间根本没有这样的共识。[15] 无论如何，一般社会科学研究领域的操作定义，重点在于对概念进行操作化处理，这与教育领域常见的操作定义不是一回事。

那么，教育领域的操作定义，可以对应于《教育的语言》里的某种定义类型吗？答案同样是否定的。第一，操作定义与约定型定义不同：在给出操作定义时，作者意在制定某种用法协议，很多人因此误以为操作定义就是谢弗勒的约定型定义。① 不过，稍加留意就可以发现，操作定义采取的是描述型定义的形式，因此它的兴趣方向不同于约定型定义。形式特征或许还不是最关键的。最关键的证据是，人们制定操作定义的目的，不

①　沈剑平、唐晓杰把"stipulative definition"译作"规定性定义"，林逢祺和我则将其译为"约定型定义"。如果不了解概念的实质内涵，单看中文译名非常容易把"操作定义"对等于"规定性定义"（或"约定型定义"）。实际上，"操作定义"的必要性和功能定位在教育界一直缺乏讨论。在这种状况下，"操作定义"很可能只被作为一种回避定义难题的手段，个中陷阱并未得到重视。尤其是在不严肃对待定义的情况下，制定操作定义简直被当成了某种可以任意妄为的专断之事。

是取得表述上的便利。因此，操作定义不等于谢弗勒的约定型定义。根据这一结论，在使用操作定义时不能满足于用法上的自洽。在谢弗勒的语境当中，"用法是否一贯"（要点③）是只适用于约定型定义的评判标准。第二，操作定义有别于描述型定义：刚才已经提到，操作定义采取了描述型定义的形式。但是，制定操作定义的目的，恰恰不是说明被定义项的前期用法，而是报告定义者自己制定的某种用法协议。因此，操作定义不是描述型定义。操作定义有摆脱被定义项前期用法的动机。操作定义的被定义项，因此在用法上获得了一定的任意性。这种任意性带来的问题，推论一和推论二已经表达过了。第三，操作定义不等同于规划型定义：到这里为止，操作定义如果可以与谢弗勒的分类对应，那就只剩下规划型定义这个最后的选项了。为了建立对等关系，操作定义必须和规划型定义一样，也是为了传达某种行动规划才被制定出来。根据这一结论，如果不是为了传达某种行动规划，就没有必要制定操作定义。据此结论，人们可以判断，在各种使用操作定义的场合，使用者到底有没有明确的行动规划要传达。在很多情况下，最终的答案是否定的。总之，由以上三组对比可知，操作定义并不像人们想象的那样直接源自谢弗勒的分类。恰恰相反，操作定义与谢弗勒的定义分类并不容易兼容。在极端恶劣的状况下，操作定义甚至会成为研究者自说自话的遁词，给不遵守前期用法提供了借口。（虽然给出操作定义，但只是把它作为必要的妆点，这种情况在教育领域或许更常见。）

四、规划型定义分析要点及初步推论

（一）分析要点

谢弗勒把规划型定义区分为三种情况：第一，把新案例纳入被定义项的适用范围。比如，在研究校园欺凌时，认为除了身体欺凌，给同学起外号、串通一气排挤他人也是欺凌。这个定义把看似不起眼的情感欺凌和关系欺凌也纳入了校园欺凌的范围。第二，把原先适用的案例排除在被定义项的适用范围之外。比如，某国医学界以刮痧无法用现代医学解释为由，禁止执业医生提供刮痧服务。第三，被定义项的适用范围保持不变。不难理解，虽然被定义项的适用范围保持不变，但是也可以起到再次肯定该适用范围的效果。无论是哪种情况，规划型定义总是包含对被定义项用法的某种说明，同时也总是在提出行动规划（要点⑦）。前文已经述及，评判约定型定义，主要看它是否便利、是否一贯。评判描述型定义，主要看它能否准确描述被定义项的前期用法。这两类定义的评判标准，都与定义的字面内容高度相关。与这两类定义不同，评判一个规划型定义不能只看定义的字面内容。在规划型定义当中，"对前期用法的说明是否准确"和"定义传达的行动规划是否可取"是两个相互独立的问题，需要分别作独立评判（要点⑧）。尤其是对行动规划的评判，还需要参照定义所在的语境来进行（要点⑨）。

（二）初步推论

推论五：反映前期用法的准确程度，无法证成或证伪一个行动规划

根据要点⑦，规划型定义的要点在于提供行动规划。但是，定义传达的行动规划是否可取，无法直接根据字面内容做出判断（要点⑧）。举例来说，"校本课程"在国内大致有两种定义。定义一：校本课程是学校设计开发的课程，是国家课程、地方课程以外的又一类课程。定义二：校本课程是国家课程的校本化形态，目的是更加适应学生的个性化需求。这两个定义都说明了被定义项的用法，同时也都传达了某种行动规划，因此都是规划型定义。根据要点⑧，这两个定义的行动规划是否可取需要单独评判。比如，定义一把校本课程放在附属地位（在课程方案中设置专门的校本课程时间，就是基于定义一来理解校本课程的），定义二则把国家课程放在有待加工的位置，更强调教师的课程权（比如英

国、澳大利亚等国的普遍用法）。在评判这两个规划型定义以及其中传达的行动规划时，人们有可能援引权威文献，强调某个定义更加匹配国际惯例。这种反驳策略是根据被定义项用法是否准确，来推断定义传达的行动规划是否可取，混淆了规划型定义中需要独立评判的两个方面，因此是一种无效的反驳策略。总之，说某个规划型定义未能准确反映被定义项的前期用法，不能反驳该定义要传达的行动规划，反之亦然。

当然，考察某个规划型定义对于被定义项前期用法的说明是否准确，也并非全无价值。如果把规划型定义当作非首创的约定型定义，人们就可以从用法是否一贯（要点③）的角度，对这个规划型定义提出批评了。仍以校本课程为例，在使用定义一时，如果声称倡导校本课程是为了强调教师的课程权，那就会出现定义用法上的不连贯（定义一把教师放在国家课程实施者的位置）。不过，即使发现了这种不连贯，也不能就此证伪校本课程的某个定义，而只能说该定义不能从教师课程权的角度获得支持。另外，值得一提的是，虽然谢弗勒在书中把三种定义并列，但这只是一种理论划分。这些定义彼此之间实际上很难拆解，比如：仅仅从定义形式来看，规划型定义和描述型定义完全一致。人们能找到只是描述型而不是规划型的定义，但找不到只是规划型而不是描述型的定义。因为规划型定义与描述型定义在形式上完全一致，所以非常容易让争论各方错失交锋的重点。比如，为了反驳上述校本课程的第一种定义，就说该定义对于被定义项的用法不同于若干发达国家。这就是一种无效反驳，尽管也可以瓦解对方援引发达国家先例来倡导学校自创校本课程的做法。

推论六：对概念用法的准确描述，不能证成推导出来的行动规划

根据要点⑨，评判一个规划型定义的关键，要看该定义传达的行动规划是否可取。推论五已经表明，对被定义项前期用法的描述是否准确，不能证成或证伪一个规划型定义传达的行动规划。这里讨论的推论六是对推论五的进一步延伸：既然规划型定义的行动规划是否可取，独立于定义项体现前期用法的准确程度，那么我们自然不能借助于对概念用法的准确描述，来证成推导出来的行动规划。要否定的不是这种推导过程本身，而是这种推导过程不能替代对于行动规划可取性的独立评判。通过对概念用法的追溯来支持某种行动规划，这是社会科学领域的一种常见做法。不能说这种常见做法完全无意义，因为对于概念用法的追溯，的确可以为寻找新行动规划的人们提供灵感。但是，行动规划可取与否，毕竟还是需要单独证成的。

在《教育的语言》当中，谢弗勒以"人"的定义为例，指出了教育领域的这种常见错误：先决定人的准确定义是什么，进而用推论的办法来证成教育应该如何办。以康德（Immanuel Kant）为例，《论教育》的第一句话就揭示了他的核心教育主张："世间万物，唯有人必须经由教育而成。"[16] 他认为，要通过教育让人的禀赋发挥出来，教育在人的启蒙当中扮演了关键的角色。康德的这一教育主张，来自他的哲学人类学："未成年状态的原因不在于缺乏知性，而在于缺乏不靠他人的指导去使用知性的决心和勇气……"[17] 不过，教育主张与人的定义之间的一致性，只能表明康德本人在思想上的自洽，并不能就此证成他的教育主张是可取的。毕竟，关于人有许多不一样的理解，每种理解都可能支持一种新的教育主张。比如，人本主义认为人有本质，而存在主义则不这么认为。康德相信人都有知性能力，而另外一些人认为知性本身就带有性别偏见，更有些人认为康德对于人的定义会污名化那些缺乏知性能力的人。康德或许是自洽的，但是他的教育规划仍需要单独证成。谢弗勒写道："实际的教育后果并不是从孤立的准确定义中推导出来的，而是在相关行动原则被认为理所当然的语境下，再通过这些定义传达出来的。"[18] 这句话的意思很明白：人们是在接受了某个行动规划以后，再用某个对于概念的准确描述来说明自己的行动规划。但是，行动规划本身是否可取，至此仍然悬而未决。总之，人们或许可以借助对概念用法的准确描述，推导出一个备选的行动规划，但是行动规划的推导不等于行动规划可取与否的证成。

五、结论与讨论

以上有关教育定义的六项推论，对教育研究和教育讨论中的一些常见做法表达了质疑。这六项推论的共同基础，是谢弗勒在《教育的语言》第一章完成的教育定义分析。总体来看，这些推论可以得到两项结论：一是日常语言中的教育定义不具备唯一性，二是教育定义没有能力处理价值争议。这两项结论与谢弗勒教育定义分析的理论定位有关。前文已述及，谢弗勒的分析工作指向的是日常语言。这种日常语言分析，是逻辑实证主义哲学的一部分，其最重要的特色就在于收敛哲学的职能范围："逻辑实证主义取销了传统哲学的实质，只保留了它的批判的功能，而对于批判的功能，则供给了一种犀利的武器，即是语言的逻辑批判方法……"[19] 谢弗勒的观点很清楚，教育定义分析的职责范围只在澄清基本观念和论证方式。在此之外，教育领域的各种价值争议，要留给经验科学或教育实务经验来处理。本文报告的这六个陷阱，是对于谢弗勒这一立场的继承和发展。①

———————————

① 吴俊升把日常语言学派放在逻辑实证主义的大旗之下，我个人赞同他的这种做法。另外，在多大程度上坚持对于哲学职能的自我收敛，这是谢弗勒和彼得斯之间的重要差异。概括来说，谢弗勒更强调"严格地并且彻底地应用这类方法来澄清我们的基本教育观念的意义"，而彼得斯早期期待概念分析可以对教育实务问题有更实质性的介入。或许正因为这种不同，批评者在面对谢弗勒时，多是就其分析的精确性略表微词；而在面对彼得斯时，则多就其分析工作的价值涉入问题表达不满。例如，在《伦理学与教育》中译本的"导读"当中，译者对彼得斯的论证方式有过判断："皮氏之论证，容或无法完全令人满意……。"（皮德思．伦理学与教育［M］．简成熙，译注．新北：联经出版事业股份有限公司，2017：47.）实际上，简成熙在自己的博士学位论文当中，对语言分析的能力限度就做过评价："笔者在理念上同意分析的确不能跳跃至价值探索……。"（简成熙．谢富乐教育分析哲学的探讨与应用［D］．高雄：高雄师范大学，1994：111.）在这个问题上，巴罗的发言非常有力："'什么是教育?'这个提问有意义吗?如果这意味着存在某种对于'教育'的永恒、不朽的回答，那么这个提问就是毫无意义的。不过，要是把它理解为一个言语方面的提问，是要说明某个特定人群对于这个词的用法，或者是为了询问对方'你的教育概念是什么'，那么这个问题当然就是有意义的了。"（Barrow R. Does the question "what is education?" make sense?［J］. Educational Theory, 1983, 33（3/4）：191-195.）巴罗在文章中没有提及彼得斯，但是熟悉彼得斯教育三规准的读者可以看出，这段引文完全就是在反驳彼得斯的教育定义。在他那本多次再版的《教育哲学导论》中，巴罗与彼得斯的立场分歧更加明确。在其中，巴罗把彼得斯的教育定义直接称作"个人化的教育概念"，认为彼得斯对于"受过教育的人"的分析"总体上不可接受"。（Barrow R, Woods R. An introduction to philosophy of education［M］. New York：Routledge, 1988：8-20.）在我看来，与彼得斯相比，谢弗勒更好地坚持了逻辑实证主义的基本精神。本文报告的六项推论，其实也是在对教育定义设定重重限制，同样是一种哲学职能上的自我收敛。

关于《教育的语言》，谢弗勒本人反复表达过谦逊的立场。他在"导语"部分写道："本研究只针对任务的特定方面进行讨论，其目标自然也就不是要对相关主题盖棺论定……。"[20] 在书末的"结语"部分，谢弗勒也有类似的声明："对于前述讨论，我们可以做一点总结，但是对于其中关注的问题，却无法给出最终定论。"[21] 本文旨在挖掘谢弗勒教育定义分析的现实价值。至于谢弗勒教育定义分析的完备程度如何，则是超出本文范围的另一个研究主题了。实际上，在《教育的语言》出版翌年，就有人质疑谢弗勒对于教育定义的分类。[22] 批评者认为，规划型定义只是约定型定义、描述型定义可能有的一种功能，不能与另外两者相提并论。人们有可能找到纯粹的约定型定义或描述型定义，但是找不到纯粹的规划型定义；规划型定义必定同时也是约定型定义或描述型定义。总之，谢弗勒本人并不认为他对于教育定义的分析就是定论。本文提供的这六项推论能否构成"教育定义的陷阱"，也同样欢迎质疑。这六项推论有无价值，留待读者自行评判。

本文刻意尝试的这种分析教育哲学的行文方式，可以借用欧阳教的话做一点延伸的讨论。他写道："试翻阅任一本中文的《教育哲学》，其题材内容，百分之八十以上是史实的堆砌，而这百分之八十的教育思想的史实其原作者大致又是建立在一种思辨的方法论上。……

他们十之八九，一天到晚传授的仅是一种似是而非的思辨的教育思想，而最可怜的是，他们还不知道这是思辨的'信念'，而误认为道道地地的可论证的'知识'。"[23] 欧阳教在书中区分了"思辨的教育哲学"与"分析的教育哲学"。其中，"思辨的教育哲学"多为各种"拟似的论断"，内容是各种建议、假设和信念。"分析的教育哲学"强调"论证"和"可证性"，致力于澄清教育领域中各种玄虚模糊的言说。欧阳教进而把"思辨的教育哲学"称作"拟似的或坏的教育哲学"。这实际上已经把"分析的教育哲学"及其对于"论证"的强调当成了教育哲学思考和写作上的一种典范。他写道："除非我们喜欢一辈子过得迷迷糊糊，不然，我们就得从头训练起，把我们思想的精确性武装起来，不再提倡一种玄之又玄或无法论证的教育哲学，这样才能从学理的最根底厘清我们的教育理论与实际。"[24] 欧阳教在半个世纪以前的这些评论，在今天还有效吗？他的这些评论，只适用于教育哲学这个小小的研究领域吗？①

---

① 请看这段话："分析哲学可能太专业化而偏离大众的兴趣，但分析哲学的方法和对待哲学问题的态度已经牢固地融入英美哲学的传统中去了。"（张庆熊. 现代西方哲学（增订本）[M]. 北京：商务印书馆，2023：180.）欧阳教的这些发言首版于1970年，分析教育哲学在当时的欧美正处于全盛时期。如今，作为一种学术流派的分析教育哲学已经不再新鲜，但是分析教育哲学对于"论证"和"可证性"的强调并未消失，而是已经成为英美教育哲学的一个传统了。（转下页）

我在几年前写过这样一段话:"如果人们不再根据个人好恶来选择或拒绝一个理论,而是耐心跟随作者的论证过程,决心去接受优质论证的结论、拒绝低劣论证的结论,那么教育讨论就会更有质量。在暴力横行的地方,道理会保持沉默,逻辑也似乎不再必要。教育哲学强调论证,把论证品质作为甄别意见洪流中各种胡言乱语的一个标尺,这种做法成为对教育讨论中各种非学理因素的抵抗。"[25] 在 2024 年出版的《世界中心教育》的"代译者序"当中,我也表达过类似的意思:"在国内纷繁复杂的教育舆论场上,阅读者多几分较真,表达者就有可能多几分谨慎小心。"[26] 索尔蒂斯的学生、谢弗勒的徒孙沙格(Francis Schrag)写道:"这些年来我逐渐认识到,分析哲学的确显得枯燥、有一股子学究气,但它也包含了对于精心构造的论证的专精理解。在一个充斥着炒作、浮夸和胡说的时代,这显得尤为宝贵。"[27]

(接上页)在今天,没有能力给出有力、优美的"论证",就意味着没有参与国际教育哲学讨论的入场券,就意味着仍旧只能站在一旁追踪和介绍别人的研究。这有悖于当前倡导的教育学自主知识生产的总体方向。只能"照着"讲,不能"接着"讲,这是当今教育哲学研究要克服的一个难题。本人在这方面也没有做好,这些话是羞愤之余的自勉之语。("照着"讲、"接着"讲,是冯友兰在《新理学》"绪论"中的说法。参见:冯友兰. 冯友兰学术论著自选集 [M]. 北京:北京师范学院出版社,1992:13.)

哈佛大学文理学院已故院长诺尔斯（Jeremy Knowles）有一句常被人引用的话：高等教育最重要的目标是"确保毕业生能分辨是不是有人在胡说八道"[28]。所有这些发言，都是在今天翻译和阅读《教育的语言》的理由。也是我推荐一线教师研习教育哲学作品的动力。优秀的教育哲学作品就像是磨刀石，可以磨砺人们的头脑和眼光。"周密分析的要点恰恰就是它丰富了我们对教育的理解，并帮助我们获得更有辩护能力的教育概念、理论和实践。"[29] 规避教育言说中的一个又一个陷阱，将有助于提升我们的教育研究和教育讨论的品质，推动教育学领域的知识生产。

参考文献：

[1] Elgin C, Schwartz R, Siegel H. Israel Scheffler, 1923-2014 [J]. Proceedings and Addresses of the American Philosophical Association, 2014, 88: 169-171.

[2] [3] [10] [13] [18] [20] [21] 谢弗勒. 教育的语言 [M]. 丁道勇, 黄向阳, 译. 北京: 教育科学出版社, 2025: 11, 161, 19, 22, 47, 11, 154.

[4] Barrow R. Language: definition and metaphor [M] //Siegel H. Reason and education: essays in honor of Israel Scheffler. London: Springer, 1997: 113-124.

[5] Scheffler I. Gallery of scholars: a philosopher's recollections [M]. London: Springer Dordrecht, 2004: 41.

[6] [7] Scheffler I. Beyond the letter: a philosophical inquiry into ambiguity, vagueness and metaphor in language [M]. London: Routledge & Kegan Paul, 1979: 1, 6.

[8] Oelkers J. Is there a "language of education"? [J]. Studies in Philosophy of Education, 1997, 16: 125-138.

[9] 杰克逊. 课堂生活 [M]. 丁道勇, 译. 北京: 北京师范大学出版社, 2021: 41.

[11] 维特根斯坦. 哲学研究 [M]. 楼巍, 译. 上海: 上海人民出版社, 2019: 123-124.

[12] 新华辞书社. 新华字典 [Z]. 北京: 人民教育出版社, 1954: 2.

［14］巴比. 社会研究方法（第十一版）［M］. 邱泽奇, 译. 2
　　　版. 北京：华夏出版社, 2018：128.

［15］Lewis-Beck M S, Bryman A, Liao T F. The SAGE encyclo-
　　　pedia of social science research methods［M］. Thousand
　　　Oaks：SAGE, 2004：162.

［16］康德. 论教育［M］. 宋溟, 译. 北京：教育科学出版社,
　　　2022：34.

［17］康德. 康德历史哲学论文集（增订版）［M］. 李明辉, 译
　　　注. 2 版. 台北：联经出版事业股份有限公司, 2013：27.

［19］吴俊升. 教育哲学大纲［M］. 台北：台湾商务印书馆股
　　　份有限公司, 2001：244-245.

［22］McClellan J. Reviewed work：The Language of Education by
　　　Israel Scheffler［J］. The Journal of Philosophy, 1961, 58
　　　（15）：415-420.

［23］［24］欧阳教. 教育哲学导论［M］. 台北：文景书局,
　　　1973：189-190, 209-210.

［25］丁道勇. 言证的限度：教育哲学对杜威道德教育思想若
　　　干争议的处理［J］. 教育研究, 2021（12）：44-54.

［26］比斯塔. 世界中心教育［M］. 丁道勇, 译. 北京：教育
　　　科学出版社, 2024：27.

［27］Schrag F. The road taken［M］//Waks L J. Leaders in phi-
　　　losophy of education：intellectual self-portraits. New York：
　　　Sense Publishers, 2008：218.

［28］Herschbach D. Jeremy Randall Knowles：28 April 1935 · 3 A-
　　　pril 2008 ［J］. Proceedings of the American Philosophical Soci-
　　　ety，2017，161（4）：335-342.

［29］西格尔. 谢弗勒［M］//帕尔默. 教育究竟是什么？：
　　　100 位思想家论教育. 任钟印，诸惠芳，译. 北京：北京
　　　大学出版社，2008：498.

语言分析的魅力

黄向阳

当年，我是作为德育原理专业的硕士研究生重返华东师范大学教育系的。陈桂生先生却对我抱有厚望，希望我在研习德育理论的同时拥有更加宽阔的理论视野、更加扎实的理论基础，因而明确表示要把我当成教育基本理论专业的研究生来培养。[1] 当时，陈先生正在主持国家教委博士点（第三批）专项科研基金项目"元教育理论研究"，我便顺理成章成了陈先生的小跟班，跟着他从事元教育学研究。[2]

陈先生交给我的第一项任务，就是去查阅古今中外著名教育家、思想家是如何理解和界定教育的。1992年秋天和冬天，我课余差不多都泡在学校图书馆或者是教育资料中心。我翻遍了两处所能找到的教育论著、教育词典、教育百科全书及教育期刊，顺便将许多尘封已久无人问津的旧书拍打和摩挲了一番，一次次将双手弄得乌漆墨黑。我就像一个淘金者，在书山文海里淘呀淘，淘出了一句句有关教育是什么的金玉良言。我将查找到的资料一一整理出来，献宝似地交给陈先生审阅，差不多每次都会得到他的欣赏和指点。但我很惊讶，我查到的资料陈先生都了如指掌，几乎找不到陈先生没有见过的新材料。时间一长，我就有些泄气了。直到有一天，陈先生指点我去查阅彼得斯（Richard Stanley Peters，1919—2011）、谢弗勒（Israel Scheffler，1923—2014）、赫斯特（Paul Heywood Hirst，1927—2020）、索尔蒂斯（Jonas F. Soltis，1931—2019）等一众分析哲学家有关教育概念的分析，我才意识到陈先生早已系统查阅过相关资料。他让我再查，并不是要我协助他做元教育学研究，而纯粹是为了对我进行学术基本功训练。

顺着陈先生指引的新路，我翻阅人民教育出版社刚刚出版的《教育学文集：教育与教育学》，读到了索尔蒂斯《教育的定义》一文[3]。这篇文章选译自索尔蒂斯的专著《教育哲学导论》[4]，但索尔蒂斯公开承认，他对教育定义的分析框架源自他的老师谢弗勒的《教育的语言》一书。不久，我随陈先生到北京出席一场有关毛泽东教育思想的学术研讨会，趁机去了一趟国家图书馆，查找到并复印了谢弗勒的这本《教育的语言》[5]。从此，我跟这部著作结缘。正是这本书将我引入语言分析之路，让我领略到了语言分析的魅力。

一

初读《教育的语言》，感受到严重的冒犯——谢弗勒在这本书里明确告诉我，我们习以为常的那套教育陈述体系就是一锅学术品位低劣的大杂烩。教育理论当然还不至于像彼得斯嘲笑的那样成了"一团无法分辨的烂糊"[6]，毕竟谢弗勒从中分辨出了三种常见的教育陈述。谢弗勒的分辨令我等教育学者意识到，教育学里固然有一部分学术上中规中矩的定义性陈述（statements of definition），更有大量貌似定义而实非定义的陈述。例如："教育就是一棵树摇动另一棵树，一朵云推动另一朵云。""教育是铸魂工程。""教师是人类灵魂的工程师。""学生的心灵就是一张张白纸，可以在上面作最新最美的图画。""少年儿童是祖国的花朵。""老师是辛勤的园丁。"根据谢弗勒的分析，诸如此类富有启发又颇具文采的优美表述，不过是一些无须用学术规范去约束的隐喻性描述（metaphorical descriptions）。又如："学会生存。""教育要面向现代化，面向世界，面向未来。""人民教育人民办，办好教育为人民。""从应试教育转向素质教育。""好校长就是一所好学校。""还教于师。""让课堂焕发生命的活力。""没有教不好的学生，只有不会教的老师。""任何学科都能够用智力上诚实的方式有效地教给任何发展阶段的任何儿童。""不让一个孩子掉队。""力争上游。"按照谢弗勒的说法，诸如此类铿锵有力、振奋人心的鼓舞人们去行动去变革的话语，其实是一些不必掉书袋抠字眼深究其字面意思而需考察其实践语境和实践关切的教育口号（educational slogans）。谢弗勒这般冷静而无情地剖析教育理论的陈述体系，比彼得斯笑骂教育理论是"一团无法分辨的烂糊"更加令人沮丧。

后来我才认识到，隐喻和口号乃是实践教育学常用的陈述方式。实践取向的教育理论充斥隐喻和口号，对于这种现象根本无须大惊小怪。正如布雷岑卡（Wolfgang Brezinka，1928—2020）所指出的那样，"与实践目的相应，实践教育理论不仅描述性地使用语言，而且祈使性地和情绪性地使用语言"。人们通过实践教育理论，"不仅试图告知教育者符合主流信仰体系及道德规范的教育行动，还试图激励他们如是行动"[7]。其中，有关教育的种种明喻或隐喻，引导着教育工作者透过他们熟悉的事物去把握教育的某种特征；而有关教育的种种口号，则鼓舞着教育工作者采取某种教育行动，齐心协力做出某种改进，达成某种变革。可以说，人们在实践教育理论中使用隐喻和口号是再正常不过的事了。

可我当时刚刚成为教育学的一名新手，尚未登堂入室就蒙受逻辑实证主义的蛊惑，执迷于教育科学和科学研究范式，瞧不上一切非科学取向的教育理论。头一回看到分析哲学大师指出我最最欣赏的那些教育陈述不是教育隐喻，就是教育口号，这让我这个对教育科学满怀激情和迷信的青年学子情何以堪？学海无涯，最悲催的事莫过于好不容易上了一条船却发现它是一条破船。一想到乘着这条破船到不了科学的彼岸，我就忍不住心生怨恨，恨谢弗勒之流残酷无情，说了那么多的大实话，毁了教育学的科学名声。陈先生听我这般抱怨，非但不加安抚，反而恶补一刀："我们的一些表述甚至连'教育口号'都称不上，只能叫'教育口诀'。"我那想当正宗学者在教育学上有所作为的念想，就这样被索尔蒂斯的老师以及我自己的嫡亲老师给扼杀了。

沉痛之余，又心有不甘。做不成教育学者，何不退而求其次，努力成为一名分析哲学家？我振作起来，很快就迷上了对种种教育定义、教育隐喻和教育口号的分析。谢弗勒在《教育的语言》中就如何有效分析这三类教育陈述进行了示范，提出了检验这三类教育陈述的学术规范和认识论标准。只要不误将教育隐喻及教育口号当作教育定义来对待，围绕它们进行批判性分析也是一项颇有意思并且颇具学术价值的研究工作。陈先生就给我树立了榜样，他发表了大量文章对当时我国泛滥成灾的诸多教育表述进行辨析，对种种教育学乱象进行学理针砭。教育学的迷惘跃然纸上，教育学的简陋一览无遗，令人如坐针毡，不堪卒读。① 我承认自己多嘴给陈老师输送了不少批判的靶子，但我也从中领悟到了躺平说话不腰痛的妙处——自己尽量不发表教育言论，使劲批评别人的教育陈述，既能显示自己有水平，又没有多少风险。还别说，语言分析这档子事自有其独特的魅力，一旦上手，就会上瘾，欲罢不能。

二

我就像个集邮爱好者，到处搜罗有关"教育"的陈述，尤其珍爱古人的"教育"言论。前辈学者们皓首穷经，选编出一部部砖头般厚重的中外古代教育文选或资料汇编。一部部仔细翻看，字里行间却罕见以"教育"一词发表的言论。我转求其次，去查阅那些流传至今的古代小说、书信、讲演录，终于有所斩获。一扇正经学者不屑一瞥的偏门向我徐徐敞开，展现出一个教育学界

---

① 有关陈桂生先生对我国教育学现象批判性分析的论文清单及简要综述，可参见：黄向阳. 教育学的理论类型：从二分法到四分法 [M] // 范国睿. 教育学的信仰：致敬陈桂生先生. 福州：福建教育出版社，2023：234-236.

长久未加正视的话语世界。我不再拘泥于名家名人名言，不再囿于正经学者的正经言论。我东翻西找，到处楚摸，收集那些末流甚至不入流的学者有关"教育"的种种奇葩言论。我的学术品位不断塌陷，饥不择食——捡到篮里都是菜，连不明出处的民间教育话语也不放过。我将它们区分为教育定义、教育口号、教育隐喻，分别保存在不同的电子文档里，等到积攒够了就分别"蒸炒煮"。可恨的是，1998 年 CIH 病毒爆发，毁了我的电脑硬盘，多年的"积蓄"毁于多次开机蓝屏。时过境迁，我留校执教之后事务繁忙，再也鼓不起勇气重进图书馆、教育资料中心，奢侈地花上大把的时间，将我当年翻阅过的那些著作、杂志、词典、百科全书重新翻看一遍。幸运的是，我将古人的"教育"言论以及有关教育的定义性陈述整理成文了，以《"教育"一词的由来、用法和含义》为题，发表在瞿葆奎先生主编的《元教育学研究》文集之中。[8]

我的这篇有关"教育"语言分析的长文受到了谢弗勒的影响。根据他在《教育的语言》中的分析，且不说教育陈述中形形色色的隐喻和口号，光是有关教育的定义性陈述就相当复杂。教育学不像其他学科对自身的基本概念恪守"描述性定义"（descriptive definition），有关什么是教育的大量陈述采用的是"纲领性定义"或

"规划性定义"（programmatic definition）。鉴于教育定义混乱，为了避免误会和争议，严谨一些的学者甚至不得不在自己的论著或演讲中对"教育"下一个"规定性定义"或"约定性定义"（stipulative definition）。谢弗勒如此分析现行关于什么是教育的言论，我深以为然，也深受启发，却有保留意见，个中缘由与中文习惯有关——中文里"定义"一词的用法要比英文里 definition 的严格得多。中国人不会随随便便将某个有关什么是教育的表述称作对教育的"定义"；英文里，却允许将某种相当不严谨的有关什么是教育的陈述称作对教育的一种 definition。这里的 definition 与其说是"定义"，不如说是"界定"。在中文语境中，只有对"什么是教育"进行概念分析，才会发生"教育"定义或界定的问题。既然不是对"什么是教育"做概念分析，那就不必专门讨论定义问题。既然是对"教育"进行语言分析，那就严格地将"教育"当成一个术语或日常用词，对其进行语义学和语用学分析。

语义学分析显示，西方语言中"教育"一词具有多种含义。例如，法国学者米亚拉雷（Gaston Mialaret，1918—2016）曾经从英语中识别出"教育"的四种基本含义：其一，作为一种机构的"教育"；其二，作为活动的"教育"；其三，作为内容的"教育"；其四，作为结果的"教育"。[9] 其实,"教育"一词的含义远比米亚拉雷的描述更为复杂。德国学者布雷岑卡对此做过更为全面而系统的分析,他从多个不同的角度将西方语言中"教育"一词的含义归纳成四组:其一,"教育"的过程性含义/成果性含义;其二,"教育"的描述性含义/纲领性–规定性含义;其三,"教育"的意向性含义/效果性含义;其四,"教育"的行动性含义/事件性含义。[10] 其中,第二组的分析框架直接继承了谢弗勒关于教育定义的分类思想,但是布雷岑卡不同意这是"教育"概念的三种定义,而坚持认为这是"教育"一词的三种含义。但在我看来,谢弗勒分析的与其说是"教育"概念的定义,布雷岑卡分析的与其说是"教育"一词的含义,不如说是"教育"一词的用法。

我做出上述判断所依据的是,人们在谈论什么是教育时往往涉及教育的三种形态:一是作为事实形态的教育,即"教育事态"(the facts of education)或教育之"实";二是作为思想形态的"教育概念"(the concept of education)或"教育观念"(the conceptions of education),即教育之"义";三是作为语言形态的"教育"一词(the word "education")或其同义词,即教育之"名"。其中,"教育概念"和"教育观念"是"教育事态"在人们头脑中的主观反映,而"教育"一词则是人们用以指称"教育事态"的基本手段，也是人们用以表达"教育概念"和"教育观念"的基本方式。人们在谈论什么是教育时，这三种形态的教育交织在一起，稍不注意就会将"教育事态"与"教育概念"混为一谈，或者将"教育概念"与"教育观念"混为一谈。若要澄清诸如此类的混乱，那么语言分析的重点就在于考察人们用"教育"这个词（教育之"名"）去指称什么（教育之"实"），又用"教育"一词去表达什么（教育之"义"）。这便是语用学分析了。

在对"教育"进行语用学分析方面，英国学者沃尔什（Patrick D. Walsh）的一篇论文为我们树立了一个典范。沃尔什的论文虽然题为《教育：一个概念，多种用法》，但他并没有进行真正意义上的概念分析，文章通篇都在分析"教育"一词在日常语境中的用法。沃尔什首先从英语日常语境中区分出 education 的正规用法和广义用法，然后从这两种用法中识别出 education 的描述性用法和规范性用法，最后从正规教育的描述性用法与规范性用法、广义教育的描述性用法和规范用法中，识别出 education 的标准的习惯用法、半标准的习惯用法、约定的习惯用法。此外，沃尔什还特地区分了作为习惯用法的 education（即"教育"）和作为关于这种习惯用法的第二层次研究的 education（即"教育学"）。可以说，沃尔什为人们绘制出了英语 education 一词的用法网络。[11]

较之于谢弗勒分析"教育"的定义，像沃尔什那样分析"教育"一词在日常语境中的用法更具包容性和说服力。例如，米亚拉雷和布雷岑卡罗列的种种"教育"含义，在谢弗勒那里就是教育的"描述性定义"。但在我看来，它们就像是辞书中"教育"条目的释义，属于"教育"的"描述性用法"。又如，杜威（John Dewey，1859—1952）在《我的教育信条》中表示："唯一真正的教育来自儿童从中找到自己的那种社会情境的各种需要对儿童能力的刺激。"（The only true education comes through the stimulation of the child's powers by the demands of the social situations in which he finds himself.）[12] 杜威言之凿凿，其实是在表达他本人对教育的一种理想或追求。谢弗勒会说这是"教育"的一种纲领性定义，我则倾向于认为这是"教育"的一种"规范性用法"。再如，联合国教科文组织教育统计局为方便各成员国收集、交流和比较教育事业发展数据，在 1976 年编制出《国际教育标准分类》，特别规定"本标准分类所指的'教育'不是广义的一切教育活动，而是认为教育是有组织地和持续不断地传授知识的工作"，进而对其中的"有组织""持续不断""知识"进行了操作性界定。[13] 用谢弗勒的话来说这是"教育"的一种"规定性定义"或"约定性定义",但用我的话来说这属于"教育"一词的一种"规定性用法"。[14]

考察人们在日常语境中用"教育"一词指称什么以及表达什么,就是在对"教育"一词进行语用学分析。由上述分析可以看出,有关"教育"一词"描述性用法""规范性用法""规定性用法"的语用学分析,包含着对该词"描述性含义""纲领性含义""规定性含义"的语义学分析。诸如此类的语言分析,源头其实就是谢弗勒分析教育的"描述性定义""纲领性定义""规定性定义"所做的开创性工作。

三

我承认我对"教育"一词的语用学分析直接受到谢弗勒的启发。所谓"教育"一词在日常语境中的"规范性用法""描述性用法""规定性用法",不过是对教育的"纲领性定义""描述性定义""规定性定义"的一种转换。这种转换工作或许有助于人们在中文环境里更加容易理解并接受谢弗勒有关教育定义分类的主张,但这只是转换,而不是创见。我还要承认自己在探讨德育可能性上也深受谢大师思想的启发和影响。说来话长,这里只能简而言之了。

当年，英国哲学家赖尔（Gilbert Ryle，1900—1976）应赫斯特和彼得斯等人邀请，为他们主编的《教育与理性发展》（"国际教育哲学文库"第8卷）撰写《美德可教吗？》一文，以现代人可以理解的方式，甚至以现代教育情境，重述苏格拉底及后人在美德是否可教问题上的质疑和思考。[15] 我从这篇文章中得知，美德是否可教在西方是个学术难题，争执了两千多年，至今尚无定论。对此的解释多集中在"美德"的理解上，强调人们对美德是什么有不同的理解，从而导致了在美德是否可教问题上的意见分歧。这种解释活生生地将一个教育学问题（美德是否可教？）简化成了一个伦理学问题（什么是美德？）。[16] 伦理学者很满意，我等教育学者却很是不满。于是，我将它还原成教育学的问题，从对什么是"教"的考察出发，解释人们在"美德是否可教"上的分歧。我的基本结论是：如果将"教"理解为口耳相传（"言传"），人们在美德是否可教上可能会有疑议；即便将"教"理解为以身作则（"身教"），依然有人可能怀疑美德的可教性；但是，如果将"教"理解成杜威所说的"间接之教"（indirect teaching 或 indirect instruction），那么美德似乎可教。[17]

然而，更需要深入考虑的是：何为"可教"？赖尔早在1949年出版的《心的概念》一书里就为此提供了一种语言分析的思路，可惜他本人并未将之用以探讨美德是否可教。赖尔发现，英语词汇有"任务词"或"工作词"（task word）与"成就词"（achievement word）之别。[18] 例如，look 类似于古汉语中的"视"，属于"任务词"；而 see 类似于古汉语中的"见"，表示 look 或视的结果或成就，属于"成就词"。再如，listen 类似于古汉语中的"听"，属于"任务词"；而 hear 类似于古汉语中的"闻"，表示 listen 或听的结果或成就，属于"成就词"。又如，study 类似于古汉语中的"学"，属于任务词；而 learn 类似于古汉语中的"习"，表示 study 或学的结果，属于"成就词"。"教"（teaching）一词的用法则不单纯。赖尔专门对比分析了"教"（teaching）和"说"（saying）用法上的不同，其分析显示"教"（teaching）在日常语境中既可用作"任务词"，又可用作"成就词"。[19]

受到赖尔的启发，谢弗勒不但在《教育的语言》第四章专门分析了英语中的"教"一词的用法，还在第五章对比分析了"教"（teaching）和"告诉"（telling）在用法上微妙而重要的差别，在此基础上区分出"教"的"意向性用法"（intentional use）和"成功性用法"（success use）。[20] 所谓"教"的"成功性用法"，就是将"教"（teaching）当作一个"成就词"用以指称教会的成就；而所谓"教"一词的"意向性用法"，就是将"教"当作一个"任务词"用以指称教的意向或努力。谢弗勒进而对"教"的"成功性用法"进行深入分析。他发现，人们对于成功之"教"（到何种程度才算"教会"），既有可能做"行动性解释"（active interpretation），也有可能做"非行动性解释"（no-active interpretation）。[21] 例如，"甲教会乙欠债要还"意味着什么？对此有两种不同的回答。第一种回答的口吻颇似苏格拉底：即使乙知道"欠债要还"是一条必须遵守的行为规范，并且在考试时能够正确答出"欠债要还"的道理，如果他欠别人的债赖着不还的话，那就说明他并没有真正懂得"欠债要还"的道理，从而说明甲并没有成功地教会乙"欠债要还"。另一种回答是：如果乙确实懂得"欠债要还"的道理，那么，即使他故意欠债不还，也不能说明甲没有成功地教会乙"欠债要还"的规范，而只能说明乙这个人意志薄弱或言行不一。这两种回答分别代表的就是对成功之"教"的"行动性解释"和"非行动性解释"。

谢弗勒上述区分启发着我进一步澄清美德是否可教的争端。我认为，就意向之"教"而言，美德似乎可教；但就成功之"教"而言，美德是否可教才是一个有争议的问题。若对成功之"教"做"非行动解释"，美德好像就可教；若做"行动性解释"，那么，"美德是否可教"就会继续成为一个疑问。[22] 很显然，我在自己的《德育原理》一书中如此探讨美德是否可教的问题，并没有对问题本身的解答提供新的观点或方法。但是，采用谢弗勒有关"教"的语言分析成果做出上述一番分析，至少可以帮助我们澄清过去人们在这个问题上取得的共识以及分歧何在（问题难解的关键）。

这种澄清工作倒过来也可以帮助我们理解长久以来人们在探讨美德是否可教这个问题上的思想混乱。例如，开始时我们认定良好行为的习得是成功的美德之教的必要条件，也就是说，以"教"的"行动性解释"来讨论美德是否可教这个问题。然后，我们断定，在学校里教学生"欠债要还"的道理，就是要使学生习得这种行为规范。我们可以采取劝诫或讨论的方式，借此培养学生遵守规范的行为习惯。可是，教过之后，我们又发现，要评判美德之教是否成功（如"欠债要还"的道理是否可教），是一件非常困难的事。因为，要做到这一点，就必须判别学生在需要表现出这种美德的情境中是否真地做到了欠债还钱。面对这样的难题，我们最后放弃对"美德是否可教"采取"行动性解释"，而改用"非行动性解释"。也就是说，改用评判"哥伦布发现美洲大陆的事实性知识是否可教"的方式，来评判"欠债要还的规范是否可教"。用口头或书面测验的方式，来了解学生对规范的记忆和理解，从而判定在"非行动性解释"下美德是否可教。然后又在多少有些不经意的情形下，改用"行动性解释"断然宣称学生具备了偿还债务的行为倾向，并且认为那是千真万确的。于是乎，我们得出美德可教的结论。殊不知这个结论的说服力其实是采用"行动性解释"的结果，那是需要以适当的行为作为立论前提的。这种中途改变"教"的用法和解释方式的做法，危险在于把口头或书面的劝诫及测验同有效地发展道德行为混为一谈。[23] 过去，我们通常将这种理论乱象视为一种逻辑谬误，批评其"偷换概念"；现在，我们将其归咎于关键词在一套理论中的"用法变换"。这种语言分析更加明显地揭示了思想或理论的混乱所在，其中的分析过程和分析技术也别有风味。

四

学术界盛行一种观点，认为语言分析的价值在于清思，为学术推进和理论创新做准备。[24] 我曾经对此深以为然。在我看来，将谢弗勒这本 *The Language of Education* 译成《教育的语言》其实是一种无奈。这个译名并不精当，容易令人误以为作者在书中将要分析的是教育工作者教育学生时所使用的语言。实际上，这部著作分

析的是人们言说教育时所形成的种种陈述，与其译为
《教育的语言》，不如译为《言说教育的语言》。问题出
在 education 的用法变化上。19 世纪英语国家一般都用
education 指称教育实践，用 pedagogy 指称教育学。然而
到了 20 世纪初，英语 pedagogy 的含义和用法逐渐变窄，
限制指教学法，指称整个教育理论学科的术语则改成了
education。也就是说，education 一词在现代英语中承载
了实践与学术的双重含义，既指教育又指教育学，一如
history 既指历史又指历史学，law 既指法律又指法学，
medicine 既指医疗又指医学。[25] 尽管还有人坚持用 ped-
agogy 指称教育学，例如赖尔就曾经提议将有关教育陈
述的语言分析哲学称作"教育学语法"（the Grammar of
Pedagogy）[26]，但是这种古旧的习惯用法到了 20 世纪 50
年代就基本上被弃用了。谢弗勒以 *The Language of Edu-
cation* 命名他这本分析人们言说教育的语言的论著，反
映的就是这种以 education 取代 pedagogy 的新趋势，因此
这个书名其实是可以翻译成《教育学的语言》的。我曾
经深受布雷岑卡的影响，一度认为像谢弗勒那样对言说
教育的日常语言和理论陈述进行分析并不是一种"教
育研究"，而是一种"元教育研究"；有关教育陈述的分
析哲学并不是一种"教育理论"，而只是一种"元教育
理论"。[27]

　　然而，一旦从谈论别人的语言分析转向自己去尝试做语言分析，看法就发生了变化。诚然，即使是急于开展教育研究的学者，也不能不关注语言分析的发现和结论，但是教育理论家们一般不会在意语言分析的过程和方法，反而会对分析哲学家们的条分缕析和津津乐道表示不耐烦——那种咬文嚼字的烦琐哲学简直不堪卒读。他们也许可以理解赖尔对"教"与"说"的粗略区分，甚至可以接受谢弗勒对"教"与"告诉"的精细分辨，但绝对难以容忍像麦克莱伦（James Edward McClellan，1922—2001）那样用一本书的篇幅对"教"的条件进行的系统分析，以及对"教"与"教"的种种赝品进行的烦琐辨别[28]。我则窥探到了其中的妙处。分析哲学家们对日常语境中"教"与"说"、"告诉"、"展示"（show）、"训练"（training）、"建立条件反射"（condition）、"灌输"（indoctrination）在用法上的细致分辨，启发了我对"什么是教育"的分析。我首先用"学习"对比"教育"，确认"教育"指的是一种一方对另一方的影响；进而用"哺育"（如给婴儿喂奶喂饭）去对比，锁定"教育"指的是精神影响。我接着用"教育"对比"教唆"，揭示"教育"指的是一种好的影响，是一种使人为善的影响；进而用"教育"对比"感化"或"改造"，揭示"教育"是一种使人为善、不断超越自我的积极的精神影响。最后我用"教育"对比"训练""驯化""灌输""洗脑",显示出一条"教育"标准——一件事称得上是"教育",其手段或程序在道德上必是无可厚非的。[29] 如同彼得斯的语言分析揭示出教育内容和教育程序的规范性标准（normative criterion）[30]，我的对比分析则识别出了教育目的和教育手段的道德标准[31]。我的分析显示，在汉语日常语境中，一种活动或影响如若称得上是"教育"，它就不但必然包含道德的目的或使人为善的意图，而且必然采用了合乎道德的手段，或者采用了道德上可以接受的手段。

我不认为这样的分析仅有理论清思的作用。我将这种分析方法带进师德讲座以及教育伦理工作坊，和参与者们一起见证过语言分析对教育实践的检讨和反思力量。我从"什么是教育"的提问开始，进而追问：教人偷盗是教育吗？教学生作弊是教育吗？总而言之，教人作恶是教育吗？我继续追问：训练是不是教育？应试训练是教育吗？灌输是不是教育？洗脑是不是教育？诛心是不是教育？思想控制是不是教育？PUA是不是教育？连续的追问将参与其中的老师们问出了满脑门的汗。我从老师们的满脸惊愕、沉思不语以及招架争辩中，感受到了语言分析不仅具有理论力量，也有不容小觑的实践力量。类似的经历一次又一次地挑战着我对语言分析的成见，不禁要问：语言分析不也是一种教育研究么？分析哲学不也是一种教育理论么？

五

在我对"教育"做的语言分析中，研究与元研究的边界模糊，理论与元理论的边界也模糊不清。个中原因很可能是像教育这样的人类实践与言说它的语言之间本就没有清晰的边界。语言是人类的发明，语词的含义和用法是人类建构出来的。人类通过语言来建构和重构人类的实践、思想和情感，从而建构并重构人类自身。对于人类来说，"语言是存在的家园"。"人类是会说话的存在"，或者说，人类其实是一种依靠语言而存在并且存在于语言之中的物种。对语言词汇的用法和含义的分析，其实就是在深入地理解人类以及人类的实践、认知、思想和情感。于是，语言分析便成了语境的分析，或者说，成了对人类活动和处境的考察。倒过来说，如果现实问题过于复杂，难以直接查明，就可以简化为对相关关键词的语义分析和语用分析。

例如，校园欺凌的认定一直是个难题。由于"欺凌"或"欺负"是由社会建构出来的概念，关于什么是欺凌、什么不是欺凌的阐释并不像学术论文或官方文件中的定义那么简明。我因为承担一项国家社会科学基金项目，专门研究校园欺凌问题，对此深有体会。我发现，儿童心目中的欺凌不同于成年人。成年人的欺凌判断比较成熟，但是在一起起学生冲突事件是否属于欺凌问题上也经常产生分歧。正是在一起起疑似欺凌事件的调查、甄别、认定、处理中，人们逐渐形成了一套公认的欺凌判断标准，或者说，人们通过持续的互动，构建出了"欺凌"一词标准的习惯用法。

我在参与学生欺凌调解，或者担任校园欺凌干预顾问的过程中，逐渐熟悉使用"欺凌"或"欺负"的校园生活语境。我发现，人们不会把势均力敌的学生冲突，如打架斗殴、互怼互骂、互不理睬说成是"欺凌"。从"欺凌"与"打架斗殴"的区别中，我识别出了"欺凌"的一个认定标准——力量不平衡。欺凌者滥用了某种优势力量去侵犯弱者。

我发现，师生都不会将无意为之却又实际发生的伤害事件称作"欺凌"，也不会将相互打闹说成是"欺凌"，甚至不会将有意取乐却无伤害故意的取笑、开玩笑、戏弄、恶作剧当成是"欺凌"。从"欺凌"与"打闹""取笑""戏弄""恶作剧"的区别中，我识别出了认定"欺凌"的第二个标准——欺凌者蓄意伤害了受欺凌者。

我还发现，学校也很难将学生当中发生的报复行为称作"欺凌"，若硬将其定性为"欺凌"，则容易引起学生的质疑和反驳——是对方先动手的！他先招惹到我，我才还击。这怎么是欺负人？如此这般的质疑和抗议，令学校难以顺理成章地将因激惹而起的报复行为划归到"欺凌"的名下。"欺凌"意味着受欺凌者是无辜的一方，无缘无故受到了强势者的侵犯或攻击。通过对比"欺凌"与"报复"的使用语境，显示出了认定"欺凌"的一个新标准，那就是，欺凌者无缘无故地伤害并未招惹他的同伴。

这种"欺凌"与"疑似欺凌"的语用分析，类似麦克莱伦在其《教育哲学》中有关"教"与"教"的赝品的对比分析，表面上是在做语言分析，实际上却超出了咬文嚼字的语言分析范畴。对某个关键词进行语用分析，就是去考察该词在日常语言和学术语言环境中用以指称什么，又用以表达什么。语词的指称对象就是某种客观实在，语词的表达对象则是这种客观实在在人脑中的主观反映（观念或概念）。因此，语言分析就会变成对实体及相关意思的考察。就像我撰写的《学生中的欺凌与疑似欺凌》，给人的印象就是在探讨判断校园欺凌的标准[32]，但很少人注意到我采用的是日常语言分析方法。

可见，语言分析不仅是一种清思的方法，可用以梳理和澄清前人的学术思想；它还是一种研究工具，可用以直接研究教育实践问题。正如当年朱小蔓教授评论我的几篇论文时所说，语言分析不仅仅适用于教育概念和教育理论的分析，也适用于教育现象的研究。有关教育陈述的语言分析曾经盛极一时，只是如今风光不再；有关教育的语言分析却一直在潜滋暗长，并且焕发出了独特的学术魅力。

参考文献：

［1］黄向阳. 从道德教育论到德育原理：德育理论寻脉记 ［J］. 中国教育科学, 2021 （2）：133-141.

［2］黄向阳. 教育学的理论类型：从二分法到四分法 ［M］// 范国睿. 教育学的信仰：致敬陈桂生先生. 福州：福建教育出版社, 2023：232-273.

［3］索尔蒂斯. 教育的定义 ［M］// 瞿葆奎, 沈剑平. 教育学文集：教育与教育学. 北京：人民教育出版社, 1993：31-37.

［4］Soltis J F. An introduction to the analysis of educational concepts ［M］. 2nd ed. Redding, MA：Addison-Wesley, 1978.

［5］［20］［21］［23］Scheffler I. The language of education ［M］. Springfield：Charles C. Thomas, 1960：42-43, 60, 69, 79, 84-86.

［6］［30］Peters R S. Ethics and education ［M］. London：George Allen & Unwin Ltd. , 1966：7, 23-45.

［7］Brezinka W. Meta-theory of education：the European contribution from an empirical-analytical point of view ［M］// Christensen J E. Perspectives on education as educology. Blue Ridge Summit, PA：University Press of America, 1981：7-25.

［8］［14］［29］黄向阳. "教育"一词的由来、用法和含义 ［M］// 瞿葆奎. 元教育学研究. 杭州：浙江教育出版社, 1999：107-128.

[9] 米亚拉雷. "教育"一词的多种含义 [M] // 瞿葆奎, 沈剑平. 教育学文集: 教育与教育学. 北京: 人民教育出版社, 1993: 66-75. 译自: Mialaret G. The many meanings of the word "education": introduction to the educational sciences [M]. Paris: UNESCO, 1985.

[10] Brezinka W. Basic concepts of educational science: analysis, critique, proposals [M]. Blue Ridge Summit, PA: University Press of America, 1994: 42-65.

[11] 沃尔什. 教育: 一个概念, 多种用法 [M] // 瞿葆奎, 沈剑平. 教育学文集: 教育与教育学. 北京: 人民教育出版社, 1993: 38-65. 译自: Walsh P D. Education: one concept in many uses [J]. Journal of Philosophy of Education, 1985, 19 (2): 167-180.

[12] Dewey J. My pedagogic creed [J]. School Journal, 1897, 54 (3): 77-80.

[13] 联合国教科文组织教育统计局. 国际教育标准分类 [M]. 国家教育委员会教育发展与政策研究中心, 译. 北京: 人民教育出版社, 1988: 1-2.

[15] Ryle G. Can virtue be taught? [M] //Dearden R F, Hirst P H, Peters R S. Education and the development of reason. London: Routledge & Kegan Paul, 1972: 435-447.

[16] 黄向阳. 哲学诞生的教育语境: 解读《美诺》[J]. 基础教育, 2010 (2): 15-18, 23.

［17］［22］［31］黄向阳. 德育原理［M］. 上海：华东师范大学出版社，2000：83-86，86-92，21-30.

［18］［19］赖尔. 心的概念［M］. 徐大建，译. 北京：商务印书馆，1992：160-166，345-355.

［24］Brezinka W. Metatheorie der Erziehung. Eine Eniführung in die Grundlagen der Erziehungswissenschaft, der Philosophie der Erziehung und der Praktischen Pädagogik. München：Ernst Reinhardt Verlag, 1978：199-200.

［25］黄向阳. 教育知识学科称谓的演变：从"教学论"到"教理学"［M］. 华东师范大学学报（教育科学版），1996（4）：17-26.

［26］Ryle G. The concept of mind［M］. New York, NY：Routledge, 2009：291.

［27］黄向阳. 教育研究的元分析［M］. 华东师范大学学报（教育科学版），1993（2）：27-38.

［28］McClellan J E. Philosophy of education［M］. Englewood Cliffs, NJ：Prentice-Hall, 1976.

［32］黄向阳. 学生中的欺凌与疑似欺凌：校园欺凌的判断标准［J］. 全球教育展望，2020（9）：13-24.

前　言

　　本书要运用哲学方法，澄清教育思想和教育论证的一般特征，分析教育定义（definition）、教育口号（slogan）和教育隐喻（metaphor）的逻辑效力，并研究教（teaching）①

---

　　① "teaching"常被译作"教学"，但在这里要另当别论。在民国时期，陶行知、俞子夷等人曾倡议用"教学法"替换"教授法"。用词上的这一转换，是为了强调教学过程需要师生双方的参与和贡献，教学过程不只需要教师一方的努力。谢弗勒在书中专门讨论了"没有学就没有教""没有学也可以有教"等陈述，并且他的结论是："teaching"的成立可以不包含"学"。因此，把本书中的"teaching"译为"教学"是不妥当的。除作为固定用语的少数例外（比如"道德教学""教学改革"等），本书当中的"teaching"一律译作"教"。这一译法选择在原理层面的考虑，简述如下：

　　本书第四章集中分析"教"，谢弗勒写道："以极端行为主义的术语来思考教，这种做法在最佳状况下也仍然会包含歧义，在更糟糕的情况下则会是完完全全的误导。"（本书第99页）所谓"最佳状况"，就是可以找到行为证据来表明学确实发生了。只在此类案例中，行为证据才会加入对于"教"的判断中来。可是，即使在这种"最佳状况"下，这样的行为证据也仍然无法事先刻画出来。换句话说，"教"无法以学生的某些特定行为表现来定义。在另一处，谢弗勒对于"教"有更集中的表达："这并不意味着教可以被描述为一种标准的动作模式，即使在教得成功的时候也是如此，更不用说教得不成功的时候了。因此，认为一个人可以通过掌握某些独特的动作模式来学习如何教，或者认为我们可以用通则式的动作模式来教人如何教，这都是错误的想法。"（Scheffler I. The concept of teaching［M］// （转下页）

的核心观念。希望下列思考能引起人们的兴趣——既包括教育专业、哲学专业的学生，也包括高度关心学校实务的普通公民或教育者。

此处阐明的若干观念，来自我近年来一些介绍教育哲学的讲座。对于相关主题的课程来说，这些东西或许能有帮助。我近来出版了文集《哲学与教育》(*Philosophy and Education*)。熟悉该书的读者会发现，本书完全可以视为对其中若干话题的补充和系统处理。

(接上页) Hirst P H, White P. Philosophy of education: major themes in the analytic tradition (vol. Ⅳ). London: Routledge, 1998: 266.)

值得提醒的是，谢弗勒对于"教"的这些分析和结论可以为教师辩护，帮助教师抵抗来自心理学的行为主义的责难。谢弗勒的分析结论表明，"teaching"的成立不以"learning"的实现为前提。教师的"teaching"，不必以学生可检验的学习成果来证成。连带着，教师教育者也不要指望预先规定一套动作模式，似乎教师只要照章办事就已经会教了。

在今天这个重视问责、循证及标准化测验的时代，行为主义对于教师的责难重新变得严峻起来了。教师工作或许越来越规范化（比如强调合规、留痕），但是教师真的越来越会教了吗？在教师教育领域也有类似的疑问：教师教育的关键，就在于发现和传播一系列被认为有效的动作模式吗？这种教师教育原理是错误的。那么多尸位素餐的教育从业者，可以凭着这一点，心安理得地待在讲台上。他们或许以为，只要自己照本宣科、循规蹈矩，就已经是在教了。从这两个角度来看，本书虽然早已是教育领域的公认典范，但是其中的内容仍然鲜活，对于今天的教育现实也仍然富有解释力。

诺丁斯说过，谢弗勒关于"教"的这些分析结论，已经"是今天我们所熟知的'标准立论'"了。(Noddings N. 教育哲学 [M]. 曾汉塘，林季薇，译. 台北：弘智文化事业有限公司，2000: 84.) （转下页）

　　感谢《美国哲学讲座》（*American Lectures in Philosophy*）编辑和出版人的建议与支持。在形式和内容方面的大量评判性建议，要感谢威廉·K.弗兰肯纳（William K. Frankena）教授、西德尼·摩根贝瑟（Sidney Morgenbesser）教授以及哈罗德·威斯伯格（Harold Weisberg）教授等人。感谢古根海姆基金会（John Simon Guggenheim Memorial Foundation）的资助，让我可以最终完成这项研究。感谢内子在书稿准备过程中的鼓励和帮助。最后，我还要感谢哈佛大学教育专业和哲学专业的同事以及我自己的学生。他们给我提供了新鲜的刺激，在我教他们的同时，他们也教了我。

伊斯雷尔·谢弗勒

（接上页）诺丁斯所谓"标准立论"，就是领域内广为接受的共识和常识。共识和常识出了问题，会是真正严重的问题。——译者注

导　语

　　本书是在教育哲学上的一次尝试。它先是处理与学校教育有关的一些常见话语形式，随后对教这个概念做了进一步的思考（"教"这个概念在前述那些话语当中会被大量涉及）。通过对教育和社会语境中若干陈述的分析，本书提出了对同类和相关陈述做评判性评价（critical evaluation）的若干策略。与此同时，对教这个概念的研究，涉及教育规则的本质、科学研究与学校教育的关系、道德行为的发展以及对于课程讨论的澄清等主题。本书反复强调，对各项断言的评判性评价要联系其所在的语境，实务问题、道德问题要与经常被混为一谈的其他问题区别开来。这两个要点以及连带的几个附属观念，与本书的具体内容以及更大范围的主题有关。

　　把本书称作教育哲学研究，这一点还需要略做澄清。因为，哲学研究这个观念本身还包含歧义，如果不解释明白就有可能造成误会。一方面，哲学研究有可能表示对于哲学问题的探究或哲学方法的运用；另一方面，哲学研究也有可能指某种历史研究，其对象是前述哲学问题的研究者、哲学方法的运用者得出的结论。尽管二者常被冠以相同的标签，但两类工作的属性十分不同。如果从事的是第一类工作，我们就需要亲力亲为去做哲学思考，也就是对哲学问题形成自己的立场，或者能够运用哲学工具来进行研究。从事第二类工作，不需要上述那种哲学思考，而是需要去理解过往哲学思考的成果和过程。

　　本书报告的教育哲学研究属于第一类。它试图把哲学方法用于基本的教育观念，而不是要刻画已经被广为接受的哲学性教育学说的发展和演变。不过，之所以选择这个方式，不是因为对历史研究或过往哲学学说有所贬低。要知道，对于过往思想家作品的认真研究，是一切哲学思考的重要且必需的组成部分。准确地说，对于这些作品的工作态度，可以把当前这项研究与观念史研究区别开来。为了实现当前的意图，对这些作品的研究只是工具，不是首要目标。因此，在呈现那些历史上重要的思想时，本书只介绍其与研究主题的关联，并不会设法提供妥帖的历史叙述。这不是在低估历史，而只是对历史学说的一种特定工作态度。这或许可以借助对下列问题的思考来得到说明：科学史家和一线科学家对于过往科学学说的态度有没有什么区别？认为一方会引用前辈学说而另一方不引用，这当然不符合实情。一般来说，一方对所在领域过往工作的依赖，并不比另一方要少。科学史家研究过往学说的目标，是了解它们的起源、发展和影响；一线科学家则完全从科学角度出发，主要关注这些东西对于当前问题的影响。

此处强调哲学研究与观念史的区别，不是因为这中间有什么微妙难解之处，而是因为在近来的许多教育哲学表达当中，这一区别并没有被充分地意识到。此外，哲学尤其是英语国家哲学在整体上新颖且丰富的发展表明，现在是一个好时机，适合于重新强调针对教育的哲学研究①。为了对这些发展有所了解，有必要简要介绍一下近些年来哲学的发展路线。当然，对于这样一个宏

① 此处可参阅：Passmore J. A hundred years of philosophy［M］. London：Gerald Duckworth & Co. Ltd.，1957.

大主题的任何简要说明，都只可能是蜻蜓点水式的，难免会过度简化。但是，这并不会因此就丧失其启发性。下面的这些评论，只是某个丰富、复杂现象的梗概，它可以把读者引入当代哲学思潮之中。

概括来说，哲学是在理性基础上寻求通用视角。过往那些被称为"哲学家"的人，关注的是诸如物理宇宙、心灵、因果关系、生命、美德、法则、善、历史、社群的属性问题。他们也试图就这些一般话题做理性探讨，并使用适用于一切人的证据和理由来捍卫其观点。哲学家希望获取对于事物的正确判断，希望以敏锐和清晰的方式观看事物。哲学家努力追求更开阔的视野，尽量压缩奥秘的范围。

因此，在追求通用性方面，哲学与宗教有某种相似之处。不同之处在于，哲学完全诉诸理性论证，而宗教还会借力于其他权威来源，比如启示、圣经和传统。在单单诉诸理性证据方面，哲学与科学相似。只是，哲学之所求更具通用性，是因为它不但要通过科学来理解世界，而且会把科学本身作为一种理解方式、作为人类经验的一个方面。

在任何时期，各门科学的范围都存在两个限制。第一，科学不关心也无须关心其研究发现与其余专门科学以及法律、实际生活、艺术和常识等不同领域的关系。第二，科学会使用与其他领域共有的那些基本观念，但一般来说科学不会对这些观念做专门分析，比如，"证据""理论""原因""意图"以及"对象"。简言之，科学家会接手某些基本观念，然后将其合理应用到自己的研究当中。这些基本观念，是从其他研究和别种工作中抽取出来的。从科学家的角度看，这两个范围限制完全合理。事实上，这不会被认为是对科学家的无端干预，反而会被视作惯例，能够引导科学家的精力，使其工作更为有效。

这就为另一类具有哲学性的工作腾出了空间。哲学家追求的通用视角，恰恰超越了适用于各专门科学的范围限制。因此，哲学可以通过以下方式来获取通用性，比如基于各个领域的公认结论、共享经验来阐述整体的世界图景，或者通过分析在各个领域反复出现的基本观念、基本假设来获取通用性。这两种寻求通用性的方式，是哲学传统中广为人知的部分。不过，现代科学发展对这两个方面的影响并不相同。

随着科学知识的日益专门化以及科学数据的不断积累，人们越来越难以将现有信息囊括在某个单一、有效的世界图景之中了。因此，有关世界图景的任何提议，都越来越面临肤浅或严重不准确的实际风险，尽管理论上并未表明提供这类世界图景根本就不可能。因此，越来越多的哲学家倾向于通过别的方式来寻求通用视角。他们不再依赖于对知识成果的收集，而是凭借对知识根源的分析，也就是对不同领域基本概念、假设、论证以及推理的分析来完成。进而，一些哲学家开始运用这种分析，研究这幅完整图景的投射。他们研究的不再是宇宙，而是人类的心灵①。另外一些哲学家，仍然满足于澄清这些思想本身。尽管分析的程序和标准有很大不同，但是哲学关注的焦点显然已经更多集中于基本概

---

① 比如可参阅：Cassirer E. An essay on man [M]. New Haven：Yale University Press，1944. 其中有这样的陈述（p. 68）："人的突出特点、人的显著标志，不是其形而上或形而下的属性，而是他的工作。正是工作，也就是人类活动的这一系统，定义并决定了'人性'的范围。语言、神话、宗教、艺术、科学、历史是其组成部分，是其中的不同领域。因此，一种'人的哲学'可以让我们洞察这些人类活动的基本结构，同时又允许我们把这些活动视为一个有机整体。"此处还可参阅：Langer S K. Philosophy in a new key [M]. Cambridge：Harvard University Press，1942（reprinted by Penguin Books, Inc., First Pelican Books Edition，February，1948）.

念、理解模式，而不是可被纳入任何现代世界图景的海量专门信息。

不过，科学发展的确对哲学进程产生了更加深远的影响。科学发展似乎表明，唯有实验法才适于获取有关自然界的知识。看起来，哲学已经不再能被合理解释为一种超科学的存在，哲学似乎已经不再能提供自然界最深邃的奥秘了。哲学家再也不能这样来定义自己的任务了，似乎他们是在直觉披露的、不言而喻的公理的基础上，对事实定理做演绎的证明。面对这一挑战，许多哲学家不得不重新诠释自己的角色，并提供一些不同的、更可接受的方案。实际上，许多哲学家一开始就放弃了有关卓越直觉的全部主张，放弃了对于世界做出直觉声明的专业权利。他们随后开始发展对于论断的逻辑评估，从清晰性的角度对观念进行审查，从有效性的角度对论证进行核验。这被当成了他们的基本任务。

角色的重新定位，与此前讨论过的对于基本概念的强调，共同塑造了当代哲学的基本形态。此类哲学通过对各领域基本观念、论证的研究，来寻找某种通用视角。出于该意图，它们广泛使用和改进了各种逻辑学、语言学、语义学工具。逻辑研究在世纪之交的复兴和显著进展，以及早期那些杰出哲学家的开创性工作，提供了富有吸引力的模式和更新的方向①。大体来说，当前这种哲学分析的兴趣在于对基本观念和论证方式的澄清，而不是要把可获取的信念综合成一个整体图像；是对基本观念做全面评估，而不是去描绘一个虽有启发但实质上含糊不清的宇宙图景。

尽管至今才开始流行，但是这种哲学概念在哲学传统当中不乏深厚的根基。事实上，有人已经把它与苏格拉底哲学做过富有启发性的对比了。在柏拉图对话录当中，苏格拉底哲学被描绘为通过评判性讨论寻求对各种基本观念的通用理解。与苏格拉底哲学类似，当代哲学分析在原则上同样适用于一切学科内容。不过，作为一项历史事实，这种分析在20世纪初兴起时，就在很大程度上聚焦于科学、数学和伦理学概念。个中缘由并不容易解答。但是，先锋思想家们提供的范例无疑扮演了关键角色，正如这些概念在哲学家的预设中扮演的角色一样。无论原因如何，当代哲学分析只是最近才开始得到广泛的应用，开始进入诸如法律、宗教、社会思想和教

① 可参阅：Passmore J. A hundred years of philosophy［M］. London: Gerald Duckworth & Co. Ltd., 1957. 尤其是第5、6、9、15、18章。

育等领域。① 或许正如一些评论家所言，在这场新兴的、严格的运动当中，更狭窄的范围和更强烈的对于方法的重视，正在让位于成熟期那种更宽泛、更具实质性的兴趣。无论如何，在当代分析精神的加持下、借助其在方法上的支持，对教育进行哲学研究的前景，看起来确实振奋人心。一方面，教育者和教育理论家近些年来开始同样确信，有必要对本学科的基础做评判性思考。另一方面，哲学正在致力于发展和运用有助于此种再思考的分析工具。

那么，对哲学分析者来说，教育呈现出的是一种怎样的景象呢？教育的核心概念包含诸如"知识""学习""思考""理解""解释"等基本观念。这不仅在已有的哲学文献中占据显著位置，在日常事务和科学心理学当中也十分重要。此外，还有一些更具体的教育观念，比

---

① 比如可参阅：Flew A. Essays on logic and language［M］. New York：Philosophical Library, 1951；Flew A. Logic and language (second series)［M］. Oxford：Basil Blackwell, 1953；Laslett P. Philosophy, politics and society［M］. Oxford：Basil Blackwell, 1956；Scheffler I. Philosophy and education［M］. Boston：Allyn and Bacon, Inc., 1958；White M. Religion, politics and the higher learning［M］. Cambridge：Harvard University Press, 1959；Benn S I, Peters R S. Social principles and the democratic state［M］. London：George, Allen, & Unwin, Ltd., 1959.

如"心智训练""成绩""课程""品格发展""成熟"。这些概念与学校事务密切相关，而且是实务领域持续争论的焦点。这些争论提醒我们，教育不只是抽象的、智识方面的事，而且是一种包含实务努力和决策的领域。在其中，制度性规划会被提出来，接受评判，得到证明又或者受到拒绝。教育论证的实际影响力进一步表明，教育观念不只有"描述"功能，同时也带有"政策"功能。因此，在教育研究和关于目标的争论中被广泛使用的"需求"之类术语，很可能是在混淆视听而不是在简化问题。① 总的来说，教育话语涵盖了一系列不同的语境，跨越了科学、实务和伦理诸领域。这些领域为那些表面上共享的观念赋予了不同的色彩和侧重点。因此，分析工作的基本任务，似乎是在厘清教育讨论和主张的不同语境，并考虑各自的基本观念以及适用的逻辑标准。

这是一项庞大且复杂的任务，肯定无法像完成某一本书那样去完成它。它所定义的领域，需要众多研究者

---

① 对于"需求"的相关分析，可参阅：Archambault R D. The concept of need and its relation to certain aspects of educational theory [J]. Harvard Educational Review, 1957, 27: 38.

的持续耕耘。因此，本研究只针对任务的特定方面进行讨论，其目标自然也就不是要对相关主题盖棺论定，而是提出一些可能有助于进一步评判性反思的分析。尽管如此，任务的选择也不是随机的。它们代表了教育思考和教育讨论的普遍特征，希望这些研究不仅可以作为一个便捷的哲学起点，而且可以直接引起教育者以及其他热心人士的兴趣。如前所述，我还希望在分析过程中被作为工具来引入的若干区分和概念，可以在更广泛的领域发挥作用。

　　本书计划如下：接下来的三章，我们将研究教育中常见的三类陈述，进而从逻辑上评估它们各自的位置。它们分别是定义、口号和隐喻性的教育陈述。这些类型的陈述在教育讨论中一再出现，而且在各自语境中常常被以不加评判的方式对待。我们会尝试分析这些陈述的典型使用方式，并提出评判性评价的相关原则。因此，我们的关注点，不是为教育领域熟悉的定义、口号和隐喻提供一个描述性的目录，而是要把其中的一些作为分析案例来展示逻辑评估的策略。

　　接下来的两章都与"教"的观念有关。其中的第一章，会专门分析"教"的观念以及它的主要应用方式。

第二章对"教"与"告诉"做了比较，这是对前一章分析工作的补充，并对课程讨论提出了一些实际建议。因此，整个研究可分为两个主要部分。第一部分由第一章到第三章组成，处理的是教育中某些常见的陈述类型；第二部分由第四章和第五章组成，为一个基础性的教育观念提供了连贯的处理。章节的阅读顺序，在很大程度上是一种个人选择。第四章和第五章构成了一个单元，它们可以作为一个整体，放在第一章到第三章之前来读。此外，与第二章和第三章相比，第一章相对要晦涩一些。有一部分读者可能会在第二章和第三章之后再来读它，而不是放在那两章之前。

第一章　教育中的定义

　　本章及随后两章，主要评估在教育讨论中经常出现的三类陈述的角色。这包括教育中的定义陈述、包含教育口号的陈述以及对教育做隐喻描述的陈述。通过考察这些陈述的典型语境，我们将试图澄清这三者的运作逻辑。所以说，虽然我们会随时参考这些陈述所处的社会环境，但是目标并不在社会这方面。我们更关心的问题是，这些陈述在论证中的效力如何。我们要检验，借助这些陈述得出的结论是否有效。我们还会就这些陈述的推理应用，提出合理的评判方案。这些目标表明，我们当前的意图可以说是"逻辑的"。我们现在就转向定义，本章接下来的部分都将围绕这一点。①

如前所述，教育话语涉及多种语境，尽管同样的术语会一再出现，但所涉及的可能是不同类型的问题。因此，在介绍我们对于定义角色的处理时，不能给人留下这样的错误印象，以为在教育中有某种单一的使用方式。相反，我们要在一开始就声明哪些类型的语境会得到关注，至于细节则留待进一步的讨论来补充。

大致来说，本书关注的是为教育观念提供了定义的非科学话语，比如各种有关课程的表达、对于计划和目标的阐述、面向普通公众的教育解读、围绕教育政策的争论。在这些语境当中，所提供的定义是否来自科学权威并不重要。重要的是，这些定义并不被作为技术性陈述来呈现，不涉及专门的科学研究，不是出于理论意图，而是在实务语境中出于日常交流的目的来呈现的。

---

① 关于定义诸方面，目前已有大量文献。其中，新近的重要贡献可参阅：Goodman N. The structure of appearance [M]. Cambridge：Harvard University Press, 1951：chapter 1；Hempel C G. Fundamentals of concept formation in empirical science [M]. Chicago：The University of Chicago Press, 1952：part I；Stevenson C L. Ethics and language [M]. New Haven：Yale University Press, 1944：chapter IX；Quine W V. From a logical point of view [M]. Cambridge：Harvard University Press, 1953.

当然，科学语言本身也并不完全一致，科学表达的形式会随着研究的进展发生巨大变化，在研究的不同分支领域之间也多有不同。不过，科学的目标是在所有已知事实的基础上，构建一个适用的理论网络，因此任何孤立的陈述在这样的网络当中都是次要的。科学家关注的问题是，如何在累积的信息面前保持和增进整个网络的适切性，那些孤立的陈述始终要面对这种考验。因此，无论陈述的初始状态如何，也就是说无论它最初是不是被作为定义、假设、报告、法则或者理论，都没有任何一个科学陈述可以免于为理论适切性之故而做出重大修正、改变甚至撤销。因此，科学定义尤其会与其周遭网络中的其他陈述保持一致，无法脱离这些网络来做评估。此外，对科学定义主要会根据其在理论适切性上的贡献来做评估，而不考虑其与习惯用法的一致程度，不考虑其对普通人的启发能力以及社会影响和修辞效果。总的来说，科学定义在某种重要的意义上是技术性的，在评估中需要专门的知识、专门的理论标准。在科学交流当中，定义是由科学社群的专业成员来呈现和解释的。

然而，当这些定义被从专业研究语境中抽取出来，用在面向公众、教师或其他类型专业人员的陈述（通常是制度性语境）当中时，它们就必须像其他定义一样，以当下的这个角色来接受评判。更准确地说，如何恰当评价此种用途的定义，构成了我们眼下的问题。我们可以把它们称为"常规定义"（general definition）。

常规定义通常只是一个约定，即在某些话语空间或在某一类型的多个话语当中，对给定术语会以特定的方式来理解。这样的定义可以被称为"约定型定义"（stipulative definition）。一个约定型定义展示了待定义的术语，并提出该术语将被等同于某个特定语境中的其他术语或描述。这种对于术语的立法行为，并不是要反映待定义术语的前期用法（如果确实存在前期用法的话）。据此，约定型定义可以分为两组，这取决于被定义术语在一开始有没有这样的前期用法。如果没有前期用法，那么此时的约定型定义可被称为"首创"（inventive）约定。如果约定型定义是对一个已有既定用法的术语约定一种新用法，那么它就可被称为"非首创"（non-inventive）约定。

首创约定可以这样来说明：引入任意一个字母系统（比如"S""G""E"），就可以指代考试成绩位于特定区间内的学生的试卷。这些字母此前没有这样的"用法"，它们通过约定的方式被分配到了这种用法。它们是一种简化的标签，可以用来兑换关于几个得分区间内的试卷的复杂描述。与此不同，出于同样的意图使用一组"定性"术语（比如"合格""优秀"等），往往要受到一系列非首创约定的支配。这些术语是非首创的，因为它们有前期用法。[1]

总结一下目前讨论过的各种定义。我们首先区分了作为专门定义、技术定义的那部分科学定义，然后将其余定义标记为"常规定义"。接着，我们在常规定义中单独列出了约定型定义，将其视为在一定语境中为词语制定的协议，而不考虑其常见用法。最后，我们基于被定义词语的新颖性，把约定型定义区分为首创和非首创两大类。

制定约定型定义的典型动机是什么呢？在某个语境中需要提及某物，而现有语言提供的至多是冗长的描

---

[1]　首创与非首创约定的另一项对比，可以用小学标记班级的不同办法来说明。比如，两个五年级班级可能会用"尖子班"和"普通班"来区分，也可能用两个不同的字母来指称——往往是各自老师姓名的首字母，以避免"定性"标记可能附带什么不当暗示。有关这一点以及相关问题的讨论，要感谢蒂德曼（David V. Tiedeman）博士。

述，此时引入一个缩略词就显得很方便了。在上述案例当中，引入缩略的字母"S""G"或缩略的形容词"合格""优秀"等，就避免了反复描述几个测试区间。又或者，以我们自己的讨论为例，之前介绍的分类术语（比如"非首创的约定型定义"等）就可以提供方便的标签，可以便于提及，而不必反复做复杂的描述。这些词语本身就是通过约定引入的，是为了便于陈述。这样的缩写本身，在理论上并非必要的。因为，它们帮助说出来的东西，虽然有可能（比这些缩写）更为笨拙，但是也可以在没有这些约定的协助下说出来。不过，这种简便正是此类定义得到应用的强大实务动机。因此，在教育或别的领域，约定型定义都是常见的工具。

由于缩写的意图可以依靠旧词新用，也可以借用全新的词语来实现，因此约定型定义的两种方式都可以同样好地完成缩写。事实上，首创约定和非首创约定都很常见。在特定场合选择何种约定，要取决于其他因素，而不只会考虑缩写的便利性。比如，有没有一个人们熟知的词语，可以引发回忆，而又不会带来不必要的联想。或者，也可以在相关语境中，把一个本来适合的熟词移作他用。

不过，所有约定型定义都不宣称要反映所定义词语的前期用法。它们对于用法的约定，在讨论中可能有用也可能没有什么用，可能得到遵守也可能难以贯彻，可能被作为连贯的整体也可能不会，但是对于它们都不能根据其反映前期用法的准确程度来证成或拒绝。只要某一个或某一组约定型定义在形式上一以贯之，并且在实际应用时也堪称便利，那么说它未能反映所定义词语的日常意义，这种反对就是无效的。在这一特定意义上，可以说约定型定义是任意的选择。

不过，还存在另外一种不同于约定型定义的常规定义，我们在此称其为"描述型定义"（descriptive definition）。和约定型定义一样，描述型定义也有可能反映制约讨论的那些协议，但是其同时也会宣称要通过给出所定义词语的前期用法来解释该词语。实际上，描述型定义常被用来回应对于澄清的诉求。"那个字是什么意思？"这个问题通常是要引出一些有关术语前期用法的解释规则或功能描述，这正是描述型定义的要义所在。每一个这样的定义都可以被视为一个公式，可以把要定义的词语与其他术语等同起来，下定义就是为了反映前期用法。人们希望这种反映有助于理解被定义词语的含义。比如，把"灌输"定义为"以单面方式呈现问题"，就是描述型定义的一个案例。[①] 该定义以及类似的对于"灌输"的定义，往往是为了澄清这个术语的日常用法以及最明确的用法。此类定义的目标是从该术语的前期用法中提炼出一条通则。这条通则可以迅速概括该术语的用法，并且可以借助其他常用术语的用法来得到澄清。因此，这条通则可以告诉人们，被定义的术语通常是如何使用的。

与约定型定义相比，描述型定义不是为了便利而采取的缩略手段，理论上也无法排除其存在的必要。此类定义不是为了言简意赅，而是为了对含义做出说明。与此有关的是，首创约定在描述型定义中没有对应物，因为首创约定所定义的术语没有前期用法需要说明。但是，对于用过的词，非首创约定有可能出于沟通的意图来赋予其某种不熟悉的用法，而描述型定义也有可能对其前期用法做通用的说明。我们可以像现代逻辑学那样把定义写成等式，把被定义词放在左边，把用来定义的词或一组词放在右边，中间用一个特殊符号（"=df"）

---

① 案例取自：Brubacher J S. Modern philosophies of education ［M］. New York：McGraw-Hill Book Company, Inc. , 1950：201.

隔开（比如"灌输=df 以单面方式呈现问题"）。这样，约定型定义和描述型定义的区别，就可以看作整个公式旨趣方向的区别了。约定型定义的旨趣是从右向左移动，即通过添加词语让言辞更为简洁；描述型定义的旨趣是从左向右移动，即通过减少词语来扩展解释性的陈述。

不同于约定型定义，描述型定义明显不是任意的选择。除了形式和实用方面的考虑以外，对描述型定义还可以根据其反映前期常规用法的准确程度来进行考量。说一个描述型定义违背了前期用法，这样的反驳就不是不相关的了。人们确实可以在特定的某次讨论当中，明确规定"树"即是"窗"。但是，该等式显然违背了"树"这个词的前期用法。因此，如果它被当作描述型定义，就必须被判定为错。这个案例连带着强调了一个事实，即一个定义等式有可能同时是约定型定义、描述型定义，这取决于它的语境和意图。这两种定义的差异，因此就不是形式或纯粹语言方面的，而是与定义的实际语境有关了。只有当定义等式宣称要反映前期用法时，它才是描述型定义。

我们已经说过，对前期用法的反映是用来解释被定义之术语的。然而，这种解释的水平和方式会有很大不同。提供描述型定义，可能是想帮助某人熟练应用被定义的术语。就像"病毒"一词在高中课堂里的定义那样，它有可能是为了使某人了解被定义术语指代的对象，但并不指望对方因此就能自如应用这个术语。在术语已经得到熟练应用的情况下，也有可能拟定描述型定义。这时的目的就是提炼这些应用遵循的原则，并展示各原则之间的联系。后面这类工作，通常是哲学性的，正如苏格拉底以及其后的许多思想家的工作显示的那样。他们试图为重要概念制定通用的特征描述，使之足以涵盖已知的所有实例。然而，这种尝试并不限于哲学家，而是会在针对主题的系统解释当中一再出现，包括教育。

描述型定义与前期用法的联系需要额外评论，只是出于简化的目的才延宕至此。我们不能认为，任何给定术语的前期用法全都一致且周延。首先，日常用语常常包含歧义（ambiguous）①，因此描述型定义需要借助语

① 关于"ambiguous"和"ambiguity"的区分，参看"代译者序"第5页脚注。在我看来，谢弗勒在哲学上的主要工作，恰恰就在这两个概念上。与这两个概念在谢弗勒整体工作中的位置相比，本书对于隐喻的处理是偏弱的。——译者注

境的补充，来标明哪些用法是相关的。比如，"trunk"
在有的语境中指某一类箱子，在另外一些语境中则指大
象身体的特定部位，但是从来不会同时指称这两者。

　　进而，即使消除了歧义，前期用法通常也无法涵盖
所有可能情况。它明确规定了各个术语在何种情况下适
用或不适用，但是对于其余部分则不做规定。在这个意
义上，描述型定义不是详尽无遗的。比如，根据标准用
法，"chair"一词显然适用于特定的对象，比如放在餐
桌周围、供人就坐的四脚、直背、可移动的木质家具。
它也显然不适用于其他一些物体，比如窗户、马、发动
机、湖泊和云。但是，还有一些东西既不是明确的适用
案例，也不是明确的不适用案例，比如塑料质地、高
2.5英寸的玩具椅子，以及供人休憩但形状不像椅子的
东西，比如箱子或桶。对于这种未决案例或临界案例，
描述型定义可以自由裁定。因此，为了确保准确，描述
型定义必须符合前期用法，但主要是不违反此类用法的
明确案例。也就是说，如果前期用法明确将一个术语适
用于某个案例，该定义就不能排除它。如果前期用法明
确未将该术语适用于某个对象，该定义也同样不能适用
于它。但是，对于未决案例，描述型定义既可能适用也

可能拒绝。因此，对于给定术语来说，尽管前期用法的每一项明确的适用或非适用情况都为该术语的描述型定义设定了准确性条件，但是该定义裁定的每一项适用情况，并不完全受制于前期用法设定的准确性条件。准确性这项要求，为描述型定义保留了一定的自由度。

到目前为止，我们已经区分出了两大类常规定义：一是约定型定义，它不声称与前期用法相符，而只是为了便于交流；二是描述型定义，它是通过描述术语的前期用法来解释术语的。我们已经指出，虽然在评价这两类定义时都有形式上的考虑，但是只有描述型定义会因其未与前期用法保持一致而受到批评。我们因此留意到，约定型定义并不受限于具体的方式，描述型定义则不然，尽管后者也在准确性范围内保留了相当大的变化空间。

现在，我们要来考虑常规定义的另一种实际角色，这种类型的定义在教育上特别重要。正是通过这种实际角色，常规定义往往直接与社会实践和思维习惯联系了起来。常规定义的这一实际角色可以怎么描述呢？粗略来说，有些术语（比如"专业"一词）单独列出了社会实践会以一定方式来指向的事物。（这种指向被认为能以通用行动原则的形式来表达。比如："所有专业都应该享有特权。"）同样地，把此前适用的对象排除在某个术语的适用范围以外，这也是定义的一个表达方式，意在表明所讨论对象不应继续如此前那样使用该术语去指称。即使提出的定义仍使用该术语来指称迄今为止适用的那些对象而非其他，其重点也可能是为了捍卫当前对这些对象（而非其他）实际定位的适当性，而不只是为了反映前期用法。

当定义声称要完成上述三者中的任何一个任务时，它就是作为一个实际的规划在表达，我们可以称其为"规划型定义"（programmatic definition）。与约定型定义和描述型定义一样，规划型定义也不能只通过它们的语言形式来识别，识别规划型定义还需要参考语境。比如，某个定义有可能在与某个行动原则的假设组合中暗示某些实际后果，但这并不意味着该定义就是规划型的。也就是说，它有可能不是要传达相关的实际后果。语境可能会暗示，这个定义并没有被作为实际的前提。因此，正是在特定语境中的实务意图，揭示了该定义的规划型特质。显然，同一个可重复的公式，在某个场合有可能是规划型的，在另外一个场合就有可能不是。实际上，我们可以说规划型定义传达了实际后果本身，而不仅仅是表达在适当条件下足以产生这些后果的前提。我们感兴趣的正是定义在特定场合中的这种实际效力。

规划型定义是我们目前要区分的最后一种常规定义。① 它与约定型和描述型定义一道，涵盖了我们讨论的常规定义的所有类型。正如已经强调的那样，各个类型与其他类型之间的区别并不在于形式。完全相同的定

---

① 这里对定义的处理，在多个方面受到斯蒂文森（C. L. Stevenson）作品的影响。但是，使用"规划型"而不是斯蒂文森的"说服型"（persuasive），是出于某些实质的考虑，意味着一种方法上的差异。斯蒂文森从情感意义的角度来解释说服型定义，也就是心理反应、情感和态度；而这里的规划型定义，是从社会实践取向的角度来解释的。目前这个文本中的处理，将定义的实际作用与所用术语的引证联系了起来，与相关的行动原则联系了起来，而不是与术语本身的情感属性相联系。因此，这种实际作用不是被解释为有意识或无意识地使用定义，"试图通过情感和描述意义之间的相互作用来确保改变人们的态度"（Stevenson C L. Ethics and language［M］. New Haven：Yale University Press，1994：210），而是作为一种"认知"效应，涉及术语和陈述之间的引证和逻辑关系的功能。强调说服性，暗示在定义超出解释功能的情况下，其附加功能不是引发新问题，而是在听众当中造成新的影响。另一方面，强调规划性，则表明在一个定义超越解释功能时，其附加功能对社会实践的影响，经常可以表达为可争议的问题，尽管它们不是意义问题，而是实务或道德问题。强调规划型定义而不是说服型定义，并不是要否定后者的重要性，但至少在一定程度上是为了强调定义对社会实践的"认知"意义。在我看来，尽管在一般的话语当中有重要作用，但是这在最近似乎一直被过分忽视了。

义等式有可能是约定型、描述型的，也有可能是规划型的，这取决于其所在的上下文语境。

评价规划型定义要考虑哪些因素呢？让我们来考虑一个简洁的案例。设想某工作 W，迄今为止都明显落在"专业"一词的范围之外。假设有这么一个定义，把"专业"一词用到了 W 上。从语境角度看，这个定义显然不只是用来引入一个可有可无的、用来简化交流的手段。比如，对于所有其他有类似动机的简化方案，人们可以一律拒绝。当有人反对这个定义，认为其不符合前期用法时，定义提出者也并不为之所动，他所希望的恰恰是摆脱该术语的前期用法。显然，这个定义既不是约定型的，也不是描述型的。定义提出者的侧重点与二者都不相同。他希望 W 能像过往其他被称作"专业"的工作一样得到同等待遇。这一点还要做独立和实际的评估。认为这个定义不是一个非常有用的简化约定，或者认为它相对于前期用法来说并不正统，这样的批评全都无关紧要。需要考察的是实务或道德问题："W 要不要得到那些迄今为止被称为'专业'的工作通常会享有的待遇？"针对这个问题的各项考虑，才与这个规划型定义的评估有关。①

由上述讨论可知，规划型定义与约定型定义类似，同样不受前期用法的约束。尽管如此，在提出道德或实务问题方面，这两类定义却不再相似了。我们已经指出，即使是约定型定义也并不全然是任意的。这种定义有可能在形式方面受到评判，包括在一致性方面的考虑，或者就其作为交流工具的有效性来进行评估，比如，是否有助于记忆，会不会引入无关联想进而产生误导，等等。但是，约定型定义并不会引起超越当前讨论范围的道德问题。它们不要求评估实践，不要求评估承诺，也不要求做出语言表达以外的决策。总的来说，认为定义全都武断，这是一个错误。认为除描述型定义以外的一切定义都只接受一致性和沟通便利性的约束，这是一个更加严重的错误。尤其是规划型定义，它是可以用来表达严肃的道德选择的。

---

① 对相关问题的处理可参阅：Cogan M L. The problem of defining a profession [J]. The Annals of the American Academy of Political and Social Science, 1995, 297: 105; Cogan M L. Toward a definition of profession [J]. Harvard Educational Review, 1953, 23: 33; Lieberman M. Education as a profession [M]. Englewood Cliffs, N. J.: Prentice-Hall, Inc., 1956.

可以说，规划型定义和描述型定义一样，都提出了一致性和便利性以外的问题。不过，这两类定义提出的问题本身有明显不同。一方提出的问题是，我们面前的定义是否与前期用法一致；另一方提出的问题是，定义表达的规划是否值得采纳。

根据基本关注点的不同，为每种定义赋予一个标签，就可以大致对三种常规定义的比较做一个总结了。约定型定义的关注点是交流，提出这种定义是为了便于表达。描述型定义的关注点是解释，这种定义的意图是澄清术语的典型用法。规划型定义的关注点是道德性的，重点是要体现行动规划。

将这三种常规定义彼此对立，或者用它们（或其中任何一种）与科学定义做比，显然都没有什么意义。这些定义各自服务的意图完全合法，我们没有必要支持一方、反对另一方，也没有必要把它们放在某个价值尺度上进行排序。相反，我们希望的是，在对任何类型的定义进行评判性评估时，都要直指使用该定义时涉及的问题。就此目的而言，上述各种定义间的区分就可能有所帮助了。

然而，在考虑常规定义类型彼此之间的关系时，我们还会面临另外一些难题。我们已经强调过，同样的定义方程或等式在不同场合有可能表示约定型定义，也有可能表示描述型或规划型定义，这取决于所在的语境。那么，在同一个场合，一个定义公式有没有可能存在定义类型上的重叠？在同样的语境当中，同一个定义有没有可能属于不止一种类型？

首先，如果考虑的是约定型和描述型定义，我们会看到这种重叠的可能性是可以排除的。描述型定义声称要描述前期用法，约定型定义则不然。因此，任何给定的定义方程，都不可能同时是约定型定义和描述型定义。

约定型定义和规划型定义有可能重叠吗？如果我们考虑的是首创约定，那么这种可能性似乎也可以排除掉。这是因为，首创约定的术语完全没有前期用法，也无法以特定方式来拣选对象。既然这类定义无法改变或延续相关实务，因此对于这样一个术语的定义也就无法表达规划了。如果定义短语指称的对象与某种实务取向一致，那么这个被定义的术语同样不能用来指示实务取向上的改变或延续。这是因为，为了做到这一点，这个被定义的术语就必须具备前期用法，这些用法与定义内容要么有所不同，要么完全匹配。但是，在首创约定中，并没有这样的前期用法。

另一方面，如果考察的是特定场合的非首创约定和规划型定义，那么二者的重叠就显然会经常出现。出现此种重叠的理由，在许多场合都显而易见。简单来说，表达特定规划有可能要求新的语言工具。一个既有的定义可以轻易提供这样的工具，同时也表达了规划。这样的案例，在讨论社会问题的作品当中十分丰富，在此提供一个教育上的案例就足够了。

我们发现，在近来的教育作品中，"课程"一词往往被用来指代学校对每个学习者的全部影响。① 批评意见认为，这个定义在许多方面显得模糊且难以自圆其说。不过，我们此处关心的问题并不是这些。要注意的

---

① 比较一下弗雷德里克（O. I. Frederick）的《课程开发》（Curriculum Development）一文（载：Monroe W S. Encyclopedia of educational research［M］. New York：The Macmillan Company，1941.）。文章写道："在近期的教育文献和本报告当中，学校课程被认为是学生在学校影响下的全部实际经历。从这个角度看，每一名学生的课程在某种程度上都不同于其他学生的课程。课程安排被认为是教师在课程规划和教学过程中使用的富有启发性的书面指南。"（引文已取得麦克米兰公司的许可。）

是，这个定义有一个预期后果，即没有两个学生会有完全相同的课程。进一步来说，没有两所学校会有完全相同的课程。学校有多少学生，就会有多少课程。这些后果显然违背了"课程"一词的前期标准用法。因为，"课程"的前期用法允许我们正确谈论一所特定学校的（独特）课程、一些有相同课程的学校，以及在或长或短的一段时期内学生人数完全改变以后的学校课程。

这个定义并不是首创约定，因为就像我们刚刚看到的那样，"课程"一词确实有前期用法。它也不只是一个恰巧不成功的描述型定义，不是一次反映前期用法的不完美尝试。因为，对于我们留意到的前期用法的明显悖离，并不会被当作对所提供描述型假设的反例。它们更多被视作对定义预期独特性的进一步表征，通常由其他论证来提供支持。这些论证会表明，这个定义是规划型定义，重点是以一种陌生的方式来应用常见术语，以便重新引导与之相关的教育实务。这里的规划，要点是扩展学校的责任。此前，这仅限于所谓正式的学习进程，现在则以这种方式来容纳学生个体的社会和心理层面的发展。然而，提出这一规划要点，需要反复参照设想中扩大的责任范围。为了便于参照，同一个定义也在约定"课程"一词恰当的新用法。因此，这个定义既是规划型定义，同时也是非首创的约定型定义。实际上，之所以要有目前谈到的这些约定，正是出于所提出的那些规划。

在评估这一带有双重用意的定义时，纠缠于是否有违前期用法显然还不得要领。相反，在进行评价时，该定义必须同时被视为规划型定义和约定型定义。我们需要提出实务性的问题："学校责任应该包括促进学生个体的社会和心理发展吗？"同时，我们还要提出语言层面的问题："对'课程'一词的约定用法是否一致？对于作者的讨论来说是否便利？"为评价"课程"的定义，单只回答其中任何一个问题都不够，因为肯定的答复可能只有一个。也就是说，我们可能认为所提出的规划是明智的，但是不同意这一约定对当前的讨论来说既一致又有利。更严重的状况是，我们可能会同意这一约定有完备的形式，也的确便于作者开展讨论，但是认为定义表达的规划出错了。为了兼顾这些重要的分歧，在考虑这一类包含双重目的的定义时，上述两类问题都要提出来。

很明显，如果定义的作者成功表明自己的规划是明智的，那并不会就此表明他的约定也同样有帮助。同样地，如果他专注于表明自己的约定在话语当中多么有利，那么实际上这在任何方面都无法支持所表达规划的价值。语言问题和道德、实务问题需要分别做独立考察。

然而，在约定型定义和规划型定义相重叠的情况下，人们的论证往往会背道而驰，因为这种独立考察的要求被忘记了。因此，上述"课程"定义的批评者常会着力指出定义的歧义性和别的各种困难，而定义的捍卫者常会通过嘉许其传达的规划来做反驳。好在，当约定型和规划型相重叠时，会有一些典型特征有助于提醒我们要进行双重评价。这些定义中约定的那一面，通常可以借助语境线索而变得明显。比如，定义可能会明确作为一项协议被引入进来，其用意是便于讨论。而且，这类定义无论如何都不会试图通过援引前期用法来证成。进一步说，这些（非首创）定义会改变前期用法的事实告诉我们，它们可能另有要点，尤其是实务方面的要点。实际上，约定用法的陌生性会引起我们的注意，去询问此处是否包含约定以外的东西。

这种内置的辅助线索，在另外一些有待考察的重叠情况当中往往并不存在。这些恰恰有可能是最有趣的情况，比如同时是描述型定义和规划型定义。很明显，这类情况没有适合形成约定的语境线索。此外，虽然与前期用法相符的证据有可能并不完备，但它与前期用法相符的声明是明确给出来的。当然，如果描述型定义不准确，那么事实上就会有违前期用法。我们要记得，描述型定义只是声称要准确反映前期用法，但是有些描述型定义并未实现自己的承诺。因此，不准确的描述型定义，事实上也会提供有违前期用法的案例，（有人也许会说）这提醒我们有将其解释为规划型定义的可能。但是，如果相信这种不准确是无意之举，那就不太会引起我们的警惕，去提出一个截然不同的解释，认为这是规划型定义了。届时，这就只是一个宣称为描述型定义的定义，但是实际上并不成功的案例而已。这种违反先例的情况没有为规划型解释提供可靠线索。因此也许正因为这一点，描述型定义与规划型定义相重叠的情况往往会被误解，是与社会问题相关的众多论证的混乱之源。现在，我们就来考察这种重叠。

我们已经了解到，一个定义如果只用给定术语指称迄今为止指称的那些对象、不及其余，那么这个定义还是有可能在表达一个规划。比如，假设有人要反对我们早先提到的"课程"定义表达的规划。这个定义偏离了术语的前期用法，从而提出了扩大学校责任的必要性问题。有鉴于此，在表达对此种扩展用法的反驳时，最自然的做法就是提出一个更能准确反映前期用法的定义，该定义可以将课程限制为学校的正式学习进程。在这个案例当中，双方都同意学校要对课程负责这项原则，但是由于各自对课程范围的理解不同，结果就会对学校实务提出不同的建议。

当然，这不是表达不同实务规划的唯一方式。比如，反对扩展学校责任的人，可能会让"课程"约定的内涵保持不变。他可能会否认学校要为全部课程负责的假设，以此来形成他对于所表达规划的反对。反过来，支持扩展学校责任的人，也未必要通过约定型定义来表达其规划。比如，他可能会保留"课程"一词的常规用法，但是继续认为学校应当负责的范围不只是课程。（比如，可以拿"课程"与"课外活动"相比。）然而，只要双方都认为课程是学校的职责范围，那么他们的不同定义就有可能是表达不同教育规划的载体。如果这确实是某个争论的焦点，那就不能因为对立观点都以定义形式来表达，就认为问题只是言辞之争。

在特定情况下，这样的争论是否涉及规划而不只涉及形式问题，可以通过对内容的简要考察来确定。这在很大程度上取决于争论的语境、争论的方式、预设的实务原则、参与者接受立场转换的意愿、定义作为实务前提的可能性等等。在特定情况下，可能很难确定争论的焦点是描述型的，还是同时具有规划型的一面。在这种情况下，明智的做法是采取更加宽泛的假设，假设问题既包含描述型又包含规划型，并以两种方式来评估该争论。

我们已经考察过一个描述型与规划型定义相重叠的案例。在这种情况下，定义提供的描述实际上是准确的，同时在规划上也不同于非首创约定。对于这个案例也要像此前那样，向描述型定义提出两个问题。实务方面的问题是："学校的责任，应该排除学生个人的社会和心理发展吗？"语言方面的问题是："这个定义能否准确反映'课程'一词的前期用法？"和此前一样，这些问题在逻辑上各自独立，对其中一个问题的肯定回答对另外一个问题完全没有影响。尤其要注意的是，即使该定义在语言方面果然准确无误，其表达的规划也完全没有得到确认。

现在，我们来考察另一个描述型与规划型定义相重叠的案例。这其中包含未决案例，结果两个同样准确的定义，在规划上恰恰有可能相互抵牾。回想一下我们早先留意到的临界案例，在其中术语的前期用法能否适用是不确定的。我们指出，对于这种临界案例，描述型定义可以选择任何一种方式来做规定，而不会损害其准确性。因此，描述型定义实际上可以用来制定新用法，也可以用来描述前期用法。（事实上，很难说有什么准确的描述型定义不能以此种方式来加以合法化。）由此可见，在描述同一个术语的前期用法上同样准确的不同定义，在为此前未确定用法的案例确定用法方面可能会有所不同。如果这里的未决案例包含*不同的实务选择*，那么争论焦点就有可能涉及规划。我们现在就来阐述这种情况。

我们要特别留意的是，有可能存在多种准确定义。我们不能假设每个术语都只有唯一正确的定义，也不能认为只有常规定义才会如此。实际上，在用法上同样准确的不同科学定义也时有出现。有时，定义的选择不会对科学产生什么影响，因此完全可以任意选择。有时，定义的选择是为了理论上的简单或便利，而不是因为其对临界案例的安排更为可取。不过，在另外一些时候，这种可取性确实会成为考虑因素。于是，相关问题就转换为："从科学角度看，对这些临界案例应该如何看待?"如果我们愿意，可以把它视为一个宽泛意义上的实务问题。不过，这个问题与社会政策和道德考虑无关，因此不在我们此前考虑的实务问题的范围内。

在考虑常规定义时，我们不能理所当然地假设有这种独立性。事实上，对临界案例的裁定，可能正是不同规划引发冲突的地方。在此前的案例当中，精准的描述与明显违背前期用法的约定是相冲突的。与此不同，对于临界案例相关规划的反驳，可能会出现在准确性毋庸置疑的不同定义当中。现在，我们可以来考虑实际的案例。

法律界提供了清晰的案例，这些定义在规划实务问题的同时，也试图总结前期（在法律上的）用法。假设成立了一个新教派，这个教派没有信条或圣经，但是有特定的仪式和圣歌，以及旨在改善人们行为和伦理态度的集会。那么，这个教派应该被称为"宗教"吗？对于这个问题，"宗教"一词的前期用法就有可能令人困扰。法律上的定义是否将"宗教"这个术语用于这个教派，将决定该教派能否取得法律赋予宗教机构的那些特权。这两类"宗教"定义①尽管都准确涵盖了前期的确定案例，但对于我们假想的这个教派该如何归类，其回答仍有所不同。就"宗教"一词标准的前期用法而言，这两个定义都是正确的。仅就其含义而言，不能说其中一个优于另一个。

法律语境中的这些定义，显然既是规划型的又是描述型的。它们的目的是指导针对新案例的实务策略，但同时也总结了以往的用法。为了做出选择，我们需要跳出对意义的关注，转向其他方面，比如道德和实务层面的考虑。我们可以问："从社会后果来看，把新教派归类为'宗教'，是否比把它归类为'非宗教'更可取?"这里涉及的显然不是语言问题，而是道德和实务问题，

---

① "这两类'宗教'定义"，分别指的是描述宗教一词前期用法的描述型定义和法律条文当中对于宗教一词的规划型定义。这几句话的意思是，这两类定义都能涵盖那些通常被认为是"宗教"的教派（定义涵盖的"明确案例"）。但是，这里的这种新教派是"宗教"定义未明确处理的"临界案例"，两类定义对于这样的"临界案例"有不同的处理。——译者注

要根据道德和实务原则做出决定。先确定某个定义在描述上的准确性，再试图凭借这样的定义本身来裁决道德问题，这是极其严重的错误。

我们刚刚考虑的这种定义问题，在法律和社会思想当中经常出现。当社会变化使我们接触到既定社会用语的临界案例时，这类问题就会显得异常明显，因为这些案例迫切等待着我们的裁决。比如，在前所未有的工业化条件下，或者在新的征服太空的时代，重新定义"财产""经济权利"等。可以说，我们的社会用语反映了熟悉的社会环境，我们的行动原则也参照这一社会环境而显得清晰明白。新的社会决策可以通过重新定义这些术语来得到表达，使我们接受的规则可以应对变化的环境。正如此前提及的那样，这种决策的表达并不总是需要通过新定义来实现。不过，新定义的确常常带有这样的目的，它们在处理这些案例时就成了规划型定义。

这些案例反映的要点是，对定义准确性的诉求即使得到充分满足，也不能为那些有争议的规划提供支持，这是把定义应用于临界案例时有可能出现的情形。许多思想家声称，他们对社会用语真实、唯一的含义有强大的洞察力，他们可以据此决定在有争议的社会领域应该做些什么。他们认为，如果知道"国家""社会""人"等术语的真实含义，就可以从中衍生出一些原则，进而用来处理新的、有待决策的情况。如果此前的分析正确，那么他们的这种主张就完全错了。首先，有不同的方法描述"国家""社会""人"等概念的定义，所有这些方法在描述前期用法或含义方面都同样准确，只是在处置新案例方面会有所不同。其次，我们甚至有可能改变前期标准用法，以传达一个实务规划。（在讨论"课程"一词的非首创约定和规划型定义的重叠时，我们已经说明过这种可能性了。）最后，社会用语的定义本身，完全无法产生实务结果，还需要在语境中借助行动原则来做补充。（比如，在"课程"这个案例中，该原则就是课程属于学校的职责范围。）只有联系这样的行动原则，社会用语才能传达实务结果。因此，总有可能在接受定义准确性的同时，通过否认预设的实务原则来反对这种结果。简言之，从定义到行动的跳跃既漫长又危险，即使在意义表达方面某个定义完全准确，情况也是如此。①

上述考虑与教育讨论中使用的定义高度相关。比如，在非科学语境中提出"教育"一词的定义，往往是在表达一个规划，同时陈述的等式也最好能与前期用法相符。但是，即使定义准确，*这种准确性也不能用作衡量所表达教育规划之价值的依据*。不同的规划都有可能与准确性兼容，因此对于任何规划的辩护都是独立的问题。

通常来说，教育术语的定义肯定不像法律定义那样，会精准嵌入实务规则的网络之中去，但是它们也会与广泛且非正式（尽管从社会角度来说是基本的）的行动原则结合在一起，被作为讨论新教育规划以及关于方法、目标或内容之新思想的常见载体。在讨论"课程"一词时，我们已经看到了一个这样的案例。因此可以

---

① 在《开放社会及其敌人》（*The Open Society and Its Enemies*）当中，波普尔（Karl Popper）对其所谓"本质主义"，也就是寻找基本术语的本质含义，提出了强烈的批评。此处这个段落受到了波普尔论述的影响。不过，这里与波普尔对定义的纯粹缩略功能的辩护有所不同，因为我们在此处仍接受具有解释力的描述型定义。然而，本质主义还是可以避免的，因为文本中始终采用的是对描述型定义的外延解释，允许每个观念有不同的准确定义。

说，教育定义类似于艺术定义，虽然没有立法意义，但
也常常可以用来表达对于艺术家任务的不同理解。[①] 比
如，艺术创新者的定义，常会把"艺术品"一词的使用
范围扩展到新对象上去。保守派所持的相应定义，则会
把这些新对象从"艺术品"这个术语当中排除出去。此
外，两组定义通常都会与艺术传统一致，也就是说它们
都会符合这个词的前期用法。在这种情况下，出现争议
的不只是术语含义本身。相反，争议还与不同的艺术规
划有关，这些规划会通过相对立的规划型定义来表达，
而且这些定义在描述上同样准确。用柯林伍德（Robin
George Collingwood）的话来说，定义一件艺术品，不是
"去研究和阐述被称作艺术品的永恒客体之本质的永恒
真理"，而是为"艺术家在当下产生的某些问题提供解
决方案"。[②]

如同艺术、文学以及社会生活的其他方面一样，教
育也会因为响应变化的条件而在风格和问题上发生改

---

① 此处观点得益于：Ziff P. The task of defining a work of art ［J］.
The Philosophical Reviews，1953，62（1）：58.

② Collingwood R G. The principles of art ［M］. Oxford：Clarendon
Press，1938：vi；quoted in Ziff P. The task of defining a work of art ［J］.
The Philosophical Reviews，1953，62（1）：58.

变。这些条件要求我们做出决定，来指导我们对其采取的实务取向。这些决定可能体现在我们对于行动原则和相关术语定义的修订当中，又或者两者兼而有之。在出于此类意图制定新定义时，对于定义意义的考察还不能告诉我们如何去修订和扩展这个定义。对于术语独特真实含义的考察（如果有可能的话），也同样不相干。与这些工作相比，针对我们的承诺、备选的实务方案以及对所做决定付诸实施的不同方式的考察，倒可以为定义的修订和扩展提供一些线索。

在教育专业写作当中，这一点常常被忽视。以下这份关于中学新课程规划的描述，就可以说明这一点：

课程围绕四种活动来组织，包括故事、手工、游戏以及远足类项目；课程提供了持续评估活动的机会，并且这些评估均由学生来主导。该学校课程的组织，自然来源于这样一种信念，即教育概念的基本含义是帮助男孩、女孩积极参与他们周边的世界。

这是从基本含义上来讲的。但实际上，真正的要点是什么呢？在种种现代创新出现以前，"教育"概念的明确案例并不包含以游戏、远足以及学生持续评估等为特征的教育设计。不过，其中有一些明确案例，比如上述引文中的情况就的确包含某些专门机构，它们接受成人指导、包含成绩评估等。作为一桩事实，当前的这些教育创新在与那些明确案例相比时会显得模棱两可，因此构成了临界案例。

根据以上段落提出教育改革，就意味着这样的程序应该得到学校的支持去做尝试。可以说，这个倡议就是将临界案例同化为以往的明确案例，同时保留所有那些塑造我们教育努力的行动原则。如果所述定义试图这样做，结果就会专注于相似之处，比如帮助男孩、女孩积极参与周边世界的共同目标。不过，也很容易根据这些差异来构造不同的定义，把新变革与"教育"一词以往的明确案例区分开来。简言之，这是一个实务问题，要根据我们的偏好和承诺以及预期结果来做评估。如何对待这项教育改革方案，实际上是我们的实务责任，不能通过对"教育"概念的检阅来决定。

现在，让我们来考虑最后一个更加抽象的案例。在教育讨论当中，人们常会说对"人"的定义为制定课程和评价教育方法提供了方向。① 我们组织教育工作和运营学校的方式，的确受到"人"的定义的广泛影响。我们已经看到，实际的教育后果并不是从孤立的准确定义中推导出来的，而是在相关行动原则被认为理所当然的语境下，再通过这些定义传达出来的。教育理论的一个常见结论是，我们必须首先决定"人"的正确定义是什么，然后只需要应用纯粹逻辑的手段，就可以推断出实际的教育后果了。

不过，这种说法是错的。这不仅因为它在人的定义与实际教育后果之间，假定了一种简单演绎关系；同时，在描述型和规划型相重叠的定义上，这种说法也未能考虑上文提及的几个要点。关于"人"有无数备选定义，有无数划分其结构和能力的方式，其中的每一种都同样准确。在准确性基础上选择其中一种方式，进而像通常的做法那样，读取出各个方面相对应的课程，这样做完全是在回避问题。出于教育意图来选择定义，其依据之一是必须考虑由于采用该定义而对教育实务产生的

① 这方面可参阅：Ducasse C J. What can philosophy contribute to educational theory？[J]. Harvard Educational Review, 1958, 29：285. 杜卡塞（Curt John Ducasse）追问人的本性有哪些维度，以此作为确定教育主要维度的前提。正如他所说，这"当然对应于人的本质"。

影响。该定义的规划型特点，意味着需要对其传达的规划进行评估。实际上，这种评估甚至有可能使我们采用一个明显违背前期用法的非首创约定。当然，它也可以让我们在传达了不同的规划、但是同样准确的描述型定义之间做出区分。正因为后一类是规划型定义，所以要在对其传达的规划做道德和实务评估以后再采用，而不是在此之前。内涵检验无法替代此类评估。

关于从科学定义到教育定义的转换，类似的观点也同样适用。我们已经暗示过这种转换的风险了。我们已经指出，科学定义与各自领域的理论和证据是连续的，因此它们最好被另当别论。科学定义不能套用约定型、描述型和规划型的分类，否则就会造成严重的扭曲。对它们的评判，大致取决于其在解释事实方面对于各自科学网络之充分性的贡献。这就意味着，一个采取规划型用法的科学定义，并不能规避对于此种用法传达的规划进行评估的需求。与准确反映前期用法一样，定义在科学上的充分性，也不能更好地表明这一规划的实务价值。

最后，相反的事实也值得关注。正如一个定义准确，并不意味着与其相关的规划一定有价值，如一个定义不准确，也并不意味着它的规划就没有价值。在同时是规划型定义的非首创约定型定义当中，我们已经看到了这种可能性。不够准确的公式，仍然有可能传达出有价值的规划。尽管如此，偶尔还是有一些作者会徒劳地认为，自己的定义是准确的，因为自己的规划有价值。这引起了同样无效的反驳，即这些作者的规划不可能有价值，因为他们的定义不准确。这一类问题有待透彻的分析，而不是进一步做党同伐异之争。简单来说就是要意识到，特定场合的同一个定义公式，既可能是描述型定义也可能是规划型定义，因此要做双重评估。

第二章 教育口号

教育口号在许多方面与教育定义有明显不同。教育口号是非系统化的，形式没有那么严谨，更为通俗，更多是热情洋溢或言之凿凿的重复，而不是严肃的思考。教育口号在阐述教育理论方面，并不特别重要。它们没有标准的形式，也不自称有助于交流或解释术语的含义。定义可以用来说明含义，口号就不行；口号可以用来鼓舞人心，定义则不会。

教育口号是一种标语，可以表达教育运动中的主要观念和态度。它们可以表现和推动精神共同体的形成、吸引新的追随者，并给原有的支持者以慰藉和力量。因此，教育口号与宗教口号、政治口号类似，同样也是党派精神的产物。因为口号并不声称要便于沟通或体现含义，所以上一章的主要观点在这里并不适用。在为自己钟情的口号辩护时，没有人会说这是有用的约定或者这是对术语含义的准确反映。因此，说一个口号形式不完备、用法不准确，这样的批评不得要领。

不过，口号与定义之间仍有一个重要的可比之处值得讨论。我们已经说过，口号为运动中的主要观念和态度提供了标语。在其他地方，这些东西有可能得到更全面、如实的表达。然而，随着时间的推移，拥护者和批评者开始越来越多地从字面上来解读口号。结果，这些口号就越来越被视为学说或论证本身，而不只是标语了。当案例中出现这种情况时，对口号的两种评估就都变得重要了：一是将其作为一种直接的断言，二是将其作为一种实际社会运动的符号，二者不可混淆。这种双重评估的需求，根源在于口号和定义之间的类比。

教育领域的这种双重评估，可能比政治口号、宗教口号的情况要更加重要。因为，至少在西方国家，教育者不受官方学说的约束，也不像宗教和政治团体那样是

以信条为单位来组织的。[①] 在审慎且往往晦涩的著作中
形成的教育观念，很快就会以流行版本的形式在教育者
中间产生影响。和宗教领域、政治领域不同，在这里没
有什么学科或领袖人物会保护原初学说以及对原初学说
的特定解读，以至于可以确保这些东西能在关键场合胜
过流行版本。教育口号经常会演变为自成一体的操作性
学说，因此也会引起并值得做专门的评判。在这里要记
住的是，尽管这种评判完全合理，但是还需要一定的补
充，包括对产生这些口号的实务运动以及口号的原初学
说做独立评判。我们可以总结说，需要的是对口号字面
意图和实务意图的评判，口号的原初学说也需要独立
评估。

杜威（John Dewey）在教育上的影响力是一个有启
发性的案例。他那系统、审慎和高质量的陈述，很快就
被转化成了醒目的片段，成了美国教育界新兴进步趋势
的口号。杜威本人批评了他的某些观念被滥用的情况[②]，
这些批评引发了进一步的讨论和反思。毕竟，他是这一

---

① 很明显，我并不认为这种有纪律约束的组织有多好，而只是
暗示缺乏这样的组织会使对口号的双重评判变得更为迫切。

② Dewey J. Experience and education［M］. New York：The Mac-
millan Company，1938.

运动公认的精神领袖。然而，进步阵营的那些口号，开始逐渐拥有自己的生命了。它们开始被当作字面陈述来接受辩护和攻击。尤其是批评者这一方，他们常常把进步口号的字面缺陷归咎于杜威的原初学说，进而暗示进步运动的目标和做法全都不值得信任。

口号的字面意图和实务意图需要独立评判，这可以通过"我们教的是儿童，不是学科"这个口号来说明。鉴于它和类似的表达有时会被当作字面陈述，而不只是作为进步运动的标语，我们可以先从字面角度来审视这一陈述。那么，这句口号有意义吗？

假如我告诉你，昨天下午我一直在教儿子，那你完全有理由问："你教了他什么？"你未必会期望某种特定类型的回答，比如某个学术性科目的名称。如果我不是说"数学"，而是回答"如何打一垒手""要有礼貌"或"诚实的重要性"，你可能也会对我的回答感到满意。但是，假如对你的问题，我回答说，"哦，没什么特别的，我只是在教他，仅此而已"，我想你就会不明所以，不明白我们是怎么度过那个下午的了。这就好像你问我："你晚餐吃了什么？"得到的回答却是："哦，没什么，我只是吃了晚餐，但晚餐什么都没吃。"

当然，对于后一个问题，别的一些回答也是合理的，比如："我不记得了""我不知道那道菜的名字"或"我没办法跟你描述"。不过，在这些情况下，我都承认你的问题可以有某些适合的答案，可以去命名或描述食物；我只是出于这样那样的原因，才没有办法给出回答而已。与此不同，要说"我晚餐什么都没吃，只是吃了晚餐"，就否认了你的问题会有一个适合的答案，正是这种否认让这句断言变得无法理解。回到教的案例上来，情况也类似。我当然可以说，"我不记得那本书的名字"或者"我不知道那种泳姿叫什么"，甚至"我现在还没有能力描述清楚"（假如谈论的是国际象棋中的某种复杂招数）。可是，如果我没有说这些，只是坚持自己没教那个男孩任何东西，那你就没办法理解我了，至少不会认为我说的就是字面意思。

这必须与另一种情况区分开。你问我："你教了他什么？"这就等于问："你成功教给他什么了？"对于这个问题，我完全可以回答："什么也没有。"我教某人代数，但是我在教代数方面并不成功，这完全有可能。我没有教给他任何东西，尽管我一直在教他代数；我一直在试图让他学习代数，但是他什么也没有学会。不过，我们原来问的是"你教了他什么？"，并不是"你成功教给他什么了？"。这个问题问的是："你在试图让他学什么？"对于这个问题，如果我回答，"没什么，我只是在教他，没想让他学会什么"，我想你一定会被搞糊涂的。这和下面的情况一样莫名其妙。我说："我昨天下午一直在教游泳。"你问："教谁？"我回答："哦，没教谁，只是在教游泳，仅此而已。"除非在教某人，否则就不可能教了某物；同样，除非在教某人某物，否则就不可能在教。

回到"我们教的是儿童，不是学科"这句话。如果把"学科"当作一个常规概念，而不是专门用来指称学术科目，那么这句话就没法从字面去理解了，也不能认为它就是正确的。因为，这句话在字面上似乎是在说："我们教儿童，但是我们并不想让他们学习任何东西。"我们此前的确已经看到，当问的是教的成功与否而不是教的意图时，否认有任何东西被教就是合法的。但是，这一事实显然不能帮助我们解释手头的口号。因为，这种解释的结果就会是："我们教儿童，但我们教任何东西都不成功。"后面这个陈述无论如何都不太可能，任何教育运动的支持者都不太可能说这是真的。从字面上看，这个口号是一个明显的失败，不能作为任何论证的严肃前提。

然而，得出这个结论还不能评估口号的实务意图、口号象征的目标以及与之相关的教育趋势。那么，这句口号真实的实务意图是什么？简言之，这句口号的要点是关注儿童，弱化教育的僵化教条与形式主义，使学校教育过程摆脱对成人标准和观点的过分关注、摆脱机械化的教，鼓励教师增强对儿童世界的想象力、同情心和理解力。了解这一实务信息的相关教育语境，才能把握这句口号的要点。反之，如果不参考语境，就看不到这些实务信息的关联。这个话题说来话长。不过，来自最近一项研究的下面这段引文，可以表明该教育语境的显著特征。赖斯（Joseph Rice）在 1892 年对美国公立学校的报道，乃是基于作者在 36 个城市的巡回访问。在此期间，赖斯与 1200 名教师进行了交谈。克雷明（Lawrence A. Cremin）援引了这份报告，他写道：①

　　赖斯的故事带有新闻业的典型特点，要把"揭露黑

---

① Cremin L A. The progressive movement in American education: a perspective [J]. Harvard Educational Review, 1957, 27: 251.

幕"变成美国家喻户晓的一个词。在一个又一个城市，公众冷漠与政治干预、政治腐败以及政治无能结合在一起，正在蓄意破坏学校。……纽约的一位校长在被问到"学生是否允许回头"时回答："教师明明在前面，他们为什么要往后看？"芝加哥的一位教师，在给学生做"合奏训练"的排演时，呵斥学生："不准停下来想，马上说你知道了什么！"在费城，董事会的首脑们控制了教师和校长的任命；在布法罗，市教育督导是700名教师的唯一监督人。类似的故事频繁上演：政治骗子雇佣欠缺训练的教师，这些教师靠着单调重复、死记硬背和毫无意义的空话，盲人瞎马地引领着他们天真的学生。

在这种情况下，在教育上重新强调儿童世界的适切性就显而易见了。此外，从积极的角度评价这种强调（代表了该口号的实务意图①），完全独立于我们对其字面意义的批评。也就是说，在接受这些批评的同时赞成

---

① 我所谓口号实务意图的适切性，是指它是不是适合用在特定的语境当中。谈到对这一实务意图的评估或证明，我指的是这样的应用是否应该提出。为了说明这一点，请比较发出命令的情况。设想一下在特定场合说出"开灯！"这个命令。只有在灯还没有亮的情况下，这个命令才有意义。但是，即使命令有意义，我们还是可以问要不要开灯。

口号强调的东西，这并不会构成逻辑错误。是否赞同这种强调是一个独立的问题，需要考虑与特定语境有关的实务和道德问题。最后，一句口号的适切性以及是否值得赞同，显然都依附于语境，独立于字面意图。对于我们目前讨论的这句口号（"我们教的是儿童，不是学科"），许多人确实会认为它的实务信息不再像过去那样紧迫。换句话说，在目前的教育状况下，这句口号要么不再适切，要么就已经没有充分的理由了。口号在实务意图上的这种变化，是时代变迁和问题转换造成的；这种变化并非来自口号字面意义上的失败，因为口号的这个方面是稳定的。

一个重要的推论是，在字面上可能相互矛盾的学说，其实际侧重点却可能是相互兼容的。当然，这些侧重点会根据语境的不同，在意义和道德合理性上分别发生变化。也就是说，我们没有理由认为，自己面临的实务提案有什么不可调和的冲突，以至于其中至少有一个必须被断然拒绝。这可以用下面的陈述来说明，它已经成了典型的教育口号，即"没有学就没有教"。正如没有买就没有卖一样，没有学也就没有教。近来有位作者①反驳了这一点。我们可以来考虑这样一则反例：某老师尽心竭力教学生某一课，但是最终没能让学生学会。那么，我们可以说这位老师实际上没有教、不该领薪水、没有尽到自己的职责吗？这个案例无疑表明，没有学也的确可以有教。

从字面上看，"没有学就没有教"与"没有学也可以有教"明显相互抵牾。此外，我们必须认可的是，第一个陈述的反例就已经有效表明其中的错误了。如果我们有一个没有学发生的教的实例，那么我们就必须拒绝否认这种情况存在的学说。此外，这句话的反例，确实代表了一个没有学但有教的实例。简言之，这两个陈述明显相左，其中必定有一方是错的。

---

① Broudy H S. Building a philosophy of education［M］. Englewood Cliffs, N J：Prentice-Hall, Inc., 1954：14. 布劳迪（Harry S. Broudy）写道："许多教育者会随口说出这样的话：'没有学就没有教。'不过，这只是一个说法，因为没有一位教育者真会相信；要是真相信，那么老实说，他就得婉拒大部分的薪水了。成功的教和失败的教不同，就像成功的手术和失败的手术有所区别一样。……教是有意推动特定的学。如果有其他因素阻碍这种学，教就会失败。这样的阻碍因素，有可能来自教师，也有可能来自学生。在另外一些时候，则是哪儿哪儿都不对。不过，只要付出了努力，就已经在教了。"

　　此外也很容易看出，为什么"没有学就没有教"这个陈述在字面上看会如此合理，尽管它事实上是错误的。因为，"教"这个动词尽管在某些用法上并不暗示成功，但在另外一些用法上确实会暗示成功。我们已经注意到这两个问题之间的区别："你在教他什么？"（"你试图让他学什么？"）和"你教会了他什么？"（"你成功教了他什么？"）。可以说，第一个问题包含动词的"意向"用法，第二个问题则包含动词的"成功"用法。[①] 显然，如果我教的学生实际上没有学会任何东西，我就可以回答第二个问题（但不是第一个问题）说："什么也没有。"对于第二个问题，除非我的学生学会了什么，否则我就不能说自己教会了他什么。也就是说，在此处以及别的"成功"用法当中，的确是没有学就没有教。

　　进一步的案例可能会有帮助，因为"成功"和"意向"用法的区分很重要，并且还会在后续讨论中一再出现。显然，就算我一直在教侄子如何接棒球，他也仍然

① 有关成就词的用法要感谢赖尔（Gilbert Ryle）：Ryle G. the concept of mind［M］. London：Hutchinson's University Library, 1949. 另可参阅：Anscombe G E M. Intention［M］. Oxford：Basil Blackwell, 1957.

有可能没学会。事实上，他可能永远也学不会如何接棒球。我当然一直在试图让他学会如何接棒球，但是我不一定要取得成功。我们通常会说"X 教 Y 如何做某事"，这样的表达并不暗示取得了成功。然而，假设我已经教会侄子如何接棒球。如果我确实教会了他，那么他必定在事实上已经学会了如何做。如果我说，"今天我教他如何接棒球，但是他没学会，而且永远也学不会"，那么我恐怕会被认为是在说胡话。因此，我们可以说，"X 教 Y 如何做某事"这样的表达的确暗示取得了成功。这类表达代表了"教"的"成功"用法，而此前的表达模式则没有，那些表达代表的是动词的"意向"用法。

要注意的是，动词的一般过去时并不总会暗示取得了成功，尽管上述"成功"用法的表达的确包含这一时态。比如，说去年有些教师教了一些学生数学，但这些学生没有学会任何数学方面的东西，这是可以为真的。还要注意，"教"这个动词的"成功"用法，并不会消除相对熟练程度上的差异。成功地教，并不意味着学生已经掌握纯熟，而是只意味着他们以相关的方式学会了东西。在交通方面，我们可能会巧妙地反问："他开车是谁教的？"这暗示他虽然学会了开车，但是并不擅长此道。通常情况下，"教"的"成功"用法暗示的是最低程度的成就，这就已经足以证明学的发生了。

最后，我们要注意，"教"不是唯一有"成功"和"意向"两种用法的动词。实际上，许多与行动有关的动词都有这两种用法，因为所做的事情通常是以试图达到一个目标的形式来描述的，而这个目标的实现程度决定了尝试的成功与否。说一个人正在盖房子，并不意味着他已经成功或者永远不会成功。他当然是怀着某种意图、某种希望和信念在做一些事。简言之，他正试图实现这一点或者让这一点成为事实，就是说会有一所房子是他亲手建的。进而，通常还会认为，他在这一尝试中做的事，被合理地认为是有效的。但从某人正在建房这件事来看，不能推断出有（或者即将有）他本人建的房。他可能一直在建（"建"的"意向"用法），可是洪水来临、冲毁了一切，所以他再也没有完成这项工作。因此，他可能从未建成（"成功"用法）那个一直在建（"意向"用法）的房子。或者，更好的表达是，可能永远不存在他亲手建的任何房子了（"成功"用法），尽管他实际上一直在建房（"意向"用法）。

关于动词"教"，如果接受它有"成功"和"意向"两种用法，那么我们会看到，"成功"用法的"教"就不允许没有学的教。如果某人手头的案例全部来自这种用法，那么"没有学就没有教"的学说看起来就完全合理。不过，常规的表达方式让这个学说出现了漏洞，可以轻易用如上所述的反例来证伪。经过这么长时间的讨论，我们可以回到此前得出的结论："没有学就没有教"和"没有学也可以有教"这两项陈述在字面上相互抵触、不可调和；进而，要拒绝的只是第一个陈述。

不过，如果考察这两个陈述的实务意图就可以清楚地看到，尽管在不同语境中它们的实际侧重点并不同样有意义、并不同样合理，但是它们并非互斥的选项。相反，它们与不同的实务目标有关，这些目标完全可以相互兼容。"没有学就没有教"这个陈述的实务意图，与"我们教的是儿童，不是学科"这句口号高度相关，二者都是要把教师的注意力转向儿童。但是，前一个陈述强调的是把儿童的学作为教的预期结果，重点是通过实际结果与预期结果的比较来改善教的效果。这个侧重点在今天恐怕很难打动人了，没有谁会觉得其中有什么新意或者饱含争议。在这种侧重已经司空见惯的语境下，这一要求早就被认为理所当然了。想象一下，某人对肥皂制造商说："看吧，如果你系统研究自己的产品并努力改进，你肯定会做得更好。除非你生产优质的肥皂，否则你就不能真正说自己是肥皂制造商。为了做到这一点，你必须盯着自己生产的东西，确保达标。"在我们这个顾客至上的世界里，这样的话是有些不合时宜的。肥皂制造商无论如何都会关注自己的产品，或许并不总是为了造出更好的肥皂，但是至少希望他的肥皂对于顾客更有吸引力。除了对最终产品的贡献以外，没有哪个肥皂制造商会觉得自己的生产流程有什么内在价值。

教师常常有类似的危险假设。教师经常假设，除了对学生的影响之外，他们那种习惯式的教具有内在价值，因此可以自我证成。只要继续像以前那样教，他们就倾向于否认任何改进的需求或可能，而不是通过深思熟虑的努力来实现可能的改进。正如许多观察者发现的那样，当这种教育上的惰性普遍存在时，当我们处理的口号流行起来时，这句口号的实务意图可能就是紧迫甚至革命性的了。此外，把教称作销售、把学称作购买，暗示教可以与商业方法作比，可以参考对消费者的影响来加以改进，这表明了支持教学改革的明确意图。

在某种程度上，正因为这样的改革已经普及，我们这句口号的实务意图对于许多今天的观察者来说，似乎就不再有意义或者不太合理了。事实上，对于这些观察者来说，教育的钟摆已经在许多地方摆过了头。教育过分转向儿童世界，过分关注教的实际效果。在某些方面，学校被认为过分关注自己的消费者。教师感到，每一名学生的适应水平和品性问题的重担，都压到了自己疲惫的肩膀上。在许多时候，教师要承担的太多了。除了作为教师，他们还要成为父母、顾问以及伙伴。鉴于这样的抱负以及对于后果的强调，教师在忙乱的同时又深感内疚，因为自己没能满足客户的一切需求，也因为所有那些未能向他们学习的孩子。①

如果有人要为这些教师鼓舞士气，那么他不太可能在新条件下旧话重提。相反，他可能会说："别再内疚了，不要想当一个全能的人，停止关注你学生的内心纠

① 可参阅：Freud A. The role of the teacher [J]. Harvard Educational Review, 1952, 22：229；Riesman D. Teachers amid changing expectations [J]. Harvard Educational Review, 1954, 24：106.

葛和动机吧。尽可能好地教你的学科、测验你的学生。在做好这些以后，你就可以问心无愧地放轻松了。"这正是"没有学也可以有教"这个陈述的实务意图。对于许多作者来说，这样的强调在目前的情况下似乎是有意义和合理的。

尽管在特定教育语境下，"没有学就有教"和"没有学也可以有教"的意义或合理性有可能不同，但是当前陈述的侧重点及其相反意见的侧重点，在理论上是相容的。因此，一方面可以认为（并且确实需要敦促）教应当根据其对于学习者的影响来评估和修改，另一方面也可以认为（并强调）教师能做的事情的范围十分有限——即使最大限度地心怀善意，可无论教师做了什么，也仍有可能无法实现学生期望的学习。

然而，在特定情况下，更重要的可能还是通过强调教师责任的限度来维护教师士气，而不是强调用效果检验来改进教学。我们是说"努力改进!"，还是说"别担心，你已经尽力了!"，实际上都取决于具体的语境。但是总的来说，这些侧重点并非不可调和，我们也不需要完全拒绝其中的某一个。事实上，它们有可能同时存在，在紧迫性方面也有可能交替站到前排。总之，从字面来理解口号时，口号就应该接受字面上的评判。不过，我们还需要参考不同的语境，独立评估口号的实务意图，同时考察作为其来源的原初学说。此外，当口号在字面上相互抵触时，我们不要以为它们代表的实务提案也就同样不可调和。

第三章　教育隐喻

把隐喻与定义、口号做比较，可以立刻发现一些显著的对比。隐喻通常不是为了表达所用术语的含义（既不表达术语的标准用法，也不表达术语的约定用法），而是指向了主题内容包含的重要比较、类比以及相似之处。隐喻陈述通常会表达重要且令人惊讶的事实，既不像约定型定义那样完全不表达事实，也不像描述型定义那样平平无奇。和规划型定义类似，隐喻常常也会传达规划，但是隐喻是通过暗示某种客观类比来做到这一点的，隐喻声称是在陈述从当前现象中发现的事实。像口号一样，隐喻也缺乏系统性，在表达形式上没有一定的标准。但是，隐喻在理论上扮演了更为严肃的角色。通常，隐喻不能说是对社会运动关键态度的清晰表达，也不能说是对某些原初学说的明确象征。相反地，隐喻会作为基本元素，出现在严肃的理论陈述之中。

即使在科学当中，严肃理论和隐喻的边界也并不清晰，如果确实存在这么个边界的话。说"这张桌子由电子组成"，是在邀请人们比较桌子和各种微粒的集合体。至于这种集合行为本身，则有待于进一步的陈述来阐明。当然，这个最初的隐喻，在字面上要能带来比较的细化，在实务上要能带来关于预测或其他推论的实验验证。同样的道理也适用于一般理论。不存在明显的临界点，可以让我们说"隐喻到此为止，接下来是理论"。在教育领域，隐喻陈述也经常出现在重要的理论语境和政策语境当中。那么，隐喻传达了什么？隐喻又是如何传达的呢？我们将从若干一般性的评论开始，进而考虑一些选定的教育隐喻。

一般来说，我们会认为隐喻陈述表示两个事物之间存在重要的类比，但是又不明确说出这种类比何在。任何两个事物都可能在某些方面相似，但并不是每一个这样的相似都重要。不过，"重要"一词本身也会因语境的不同而发生改变。比如，在科学上重要的东西，在政治或艺术领域就有可能不重要。为了判定某个隐喻陈述有价值或者适切，其所暗示的类比从言说语境的标准来看就必须是重要的。

此外，隐喻陈述实际上并不把类比说出来，即使其中的确包含相对重要的类比时也是如此。它更像是一个邀请，邀请人们搜寻其中的类比。隐喻的品质如何，部分取决于这种搜寻的回报。这个地方也与理论模式类似，如果愿意也可以把这种邀请称作理论直觉。正因为如此，隐喻常被用来对科学和哲学语境中的反思与解读进行组织，这一点也不让人感到奇怪。在实务语境中，隐喻常常与规划型定义类似，被视为一种引导行动的方式，尽管隐喻总会声称在相关主题上发现了一些重要的类比。

对于特定隐喻陈述有可能传达了什么规划，需要独立做评估。除此之外，隐喻大致还可以用两种方式来接受评判。第一，我们可能会得出结论，说某个给定隐喻琐碎或毫无新意。这表明隐喻中的类比在当前语境中不重要。第二，我们可以确定某个给定隐喻的限度，即隐喻指示的类比何时不再成立。每个隐喻都有这种限制，就是只能从特定角度揭示主题，还需要其他不同视角的补充。这种局限性并不是完全拒绝一个隐喻的理由，就像在科学领域总存在替代理论，但不足以成为拒绝任何给定理论的理由一样。无论如何，不同隐喻的比较，可能像不同理论的比较一样具有启发性，可以显示出当前主题多个方面的特征。这样的比较，有可能为主题的独特性提供新认识。这是因为，要知道一个事物在哪些方面与许多不同事物相似，就要好好了解一下是什么让这个事物显得特别以及是什么让它与众不同。最后，当某个特定隐喻占据了主导地位时，这种比较也有助于确定该隐喻的局限性，进而开启思考和行动的全新可能。本章剩余部分的重点，就是对常见教育隐喻进行此类比较。

　　布莱克（Max Black）认为，众所周知的生长隐喻，适合于表达对教育威权主义的反抗。① 这是如何实现的呢？在成长中的植物和成长中的儿童之间，在园丁和教师之间，有明显的可比性。在二者当中，发展中的有机体都在经历一些阶段，这些阶段相对独立于园丁或教师的努力，但是发展也都有可能因为外力而获得帮助或遭遇阻碍。对于园丁和教师来说，照料这种发展的工作，

① Black M. Education as art and discipline ［J］. Ethics, 1944, 54: 290, reprinted in Scheffler I. Philosophy and education ［M］. Boston: Allyn and Bacon, Inc. , 1958.

似乎取决于能否了解左右阶段连续性的那些法则。在这两种情况下，园丁或教师对于有机体的发展并非不可或缺，在园丁或教师离开以后有机体仍在继续成熟。园丁和教师都想要帮助有机体茁壮成长，通过为自然法则的运转提供优渥条件来关照其福祉。因此，生长隐喻本身就包含关于教师角色的某种温和概念：教师要研究儿童的发展，进而间接协助儿童的发展，而不是把儿童塑造成某种预设的形式（这是随后要考虑的一个作为对照的隐喻）。

生长隐喻会在何处失效呢？就儿童发展的生物或身体构造方面而言，这个隐喻似乎是合理的。在这些方面，我们可以大致说出通常可以预期哪些阶段顺序，以及如何通过他人的刻意努力来协助或阻碍从一个阶段向另一个阶段的过渡。如果相关知识过于粗疏，那就假设可以通过进一步的研究来获取。在身体与性格发展及其促成的行为能力上，不同阶段的性质和顺序实际上相对独立于其他个体的行动，尽管文化因素仍在其中发挥作用。

不过，只要追问这些能力将如何运用，儿童的性格能量将会被导向何处，要培养何种行为、何种感受力，我们就可以看到生长隐喻的局限性了。事实上，根据身体和性格的阶段顺序，上述问题可以有众多相互冲突的答案。对于这些方面的发展而言，并不存在指向单一成熟状态的独立阶段顺序。正因为如此，"让我们发展每一个儿童的全部潜能"这句话是没有意义的。不同方面的发展彼此冲突，无法全部兼顾。发展了这些，就一定会妨碍那些。不发展并不意味着完全任其自然，而是同样构成一种选择，无论发展与否都是自然的。既然选择总会存在，人们也就无法逃避这种选择的责任了。

把历史想象成植物，常被认为是在逃避责任，是在放弃用选择和行动来影响社会事件，认为个体只能促进或延缓遵循自然阶段的发展。① 儿童的社会、文化和道德发展过程，显然未被划分为一系列人们无法完全改变的自然阶段。成人（父母和教师）的所作所为，也不只是促进儿童向着文化成熟的特定阶段发展。

后面这项观察，带来了另一个教育隐喻，也就是塑造、成型或铸造的隐喻。在这个隐喻的某个变体当中，

---

① 此处可参阅：Popper K. Op. cit.；Popper K. The Poverty of Historicism ［M］. London：Routledge & Kegan Paul，1957.

儿童是陶泥，教师对这些陶泥施加一个固定的模具，按照模具的规格来塑造。教师的主动性、权力以及责任，在这里成了重要的关注点。因为，陶泥的最终形状，完全取决于教师对于模具的选择。与橡子的生长过程不同，陶泥不会自行选择任何特定形状。同样，陶泥也不会拒绝任何模具。陶泥不会自行选择或拒绝任何阶段序列或任何最终形状。选择模具的人要对结果负全责。

根据此前关于生长隐喻的评论，这种塑造隐喻显然不适合儿童生物与性格方面的发展，因为这类发展不会完全受制于成人的行动。然而，就文化、道德和个人的发展而言，塑造隐喻似乎比生长隐喻更为可取，因为这些发展在更大程度上取决于成人社会环境的特征。

不过，即使在这里，塑造隐喻也有其局限性。在陶泥的案例中，最终形状完全取决于模具的选择。陶泥既不选择也不拒绝任何特定模具。更进一步说，陶泥本身是匀质的，完全可塑。模具的形状在塑造过程开始以前就已经固定，并且在整个过程当中保持不变。所有这些都与教有所不同。因为，即使不存在文化、道德和个人发展方面的法则，学生的本性也仍然会限制可能的发展范围。这些限制可以表明不能用材料做什么，而不是材料可以发展成什么。人的本性不会自动选择，但是会拒绝成人为其选定的某些形式。此外，这样的限制还会因人而异、因群体而异。学生群体既不完全匀质，也不完全可塑。因此，如果教育者的决策不是依据学生的本性，如果教育者并非不受此类本性的限制，那么对于这些限制的研究就有可能让他的决策更加明智。最后，如果教师确实关注学生本性，那就会在教学过程中并在对教学过程本身做出回应时，修正自己的方法和目标。因此，教师的教并不像某个固定的模具，而更像是一个可以根据尝试过程来修改的规划。

教的后几个特点，在所谓艺术隐喻当中得到了强调。这种隐喻有几种形式，比如与雕刻有关的形式。雕刻师完成的雕像，不是自行从石头里长出来的，而是需要艺术家的雕琢；在制作过程中，艺术家确实要做一些选择，但是一开始的石料并不完全接受艺术家可能要施加给它的全部观念。石料会凭借自身的内部构造来拒绝其中的一些。与上面提到的情况类似，并非每块大理石都和其余的一致。对于每块大理石，都要有针对性地研究其个别的能力和限度。最后，艺术家最初的想法也不完全是事先形成的，不会在整个过程中始终保持不变。

这些观念开启了整个过程，但是常常会被过程本身所修改。在这个过程中，艺术家会不断学习、不断创造。

这种雕刻隐喻似乎特别适合刚刚描述的那些特征，但是也不能说它就是完美的，它并非在各个方面都优于此前的生长隐喻。比如，生长隐喻至少承认在园丁离开以后植物还会持续发展，雕刻隐喻则不会；在雕刻师完成工作以后，雕像就停止生长了。同样，教师也不像雕刻师那样只接受美学标准的约束。教师的目标和方法，同时还受到道德和实务评判的约束。

因此，要想在教育中逐步改善隐喻，使每一个隐喻都比前一个更充分、更全面，这似乎是一个错误。把教育隐喻与科学理论做比较，这个方法本身就是无效的。教育隐喻通常被用来反思和组织与学校教育有关的、有社会意义的思想和实践，但是并不受制于实验性的确认和预测过程。因此，不同于科学理论的架构，教育隐喻不是通过逐步累积来发展的。或许人们更愿意这样来看待教育隐喻——它们围绕着共同的主题，每一个隐喻的复杂特征可以通过相互比较来呈现。

如前所述，某个给定隐喻指示的类比，在一个语境中可能重要，在另一个语境中就可能不再重要了。因此，一个好隐喻并不是在每个语境中都同样好。这一事实对于当前的讨论很重要，因为就像我们强调的那样，教育是这些不同语境的共同基础。因此，在新语境下接受一个在他处被证明为富有启发性的隐喻时，保持评判性的态度就是明智的，即使两种情况涉及的是同一个主题。隐喻的移植确实有可能产生误导，因为在新语境中至关重要的特点，在旧语境中可能没有那么重要。

所谓"有机隐喻"可以用来说明这种移植的效果，这是一个与生长隐喻密切相关但是更具包容性的流行隐喻。在教育作品中有许多该隐喻的变体和用法。在这里，我们将出于讨论的意图，做一个简短的描述。① 在人类学意义上，文化包含了某个特定社会的习俗、定式、技术、社会组织、语言、法律、意识形态、科学以及艺术。文化被用来与有机体的个体生命作比。生物不

---

① 该描述来自杜威：Dewey J. Democracy and education［M］．New York：The Macmillan Company, 1916：chapter Ⅰ. 比如，在概述这一章时，杜威写道："努力维持存有，正是生命的本质。因为这样的持续只能借助不断的更新来保障，因此生命就是一个自我更新的过程。营养和生殖对于生理性生命的意义，正是教育对于社会性生命的意义。"不过我的意图只是指出有机隐喻包含哪些危险，而不是要评判杜威这一章对于该隐喻的用法。（引文已取得麦克米兰公司的许可。）

同于无生物，因为生物要通过更新来维持自身，通过对外部力量做出反应来维持与环境之间的平衡，并利用这些力量作为进一步生长的手段。类似地，文化也通过对外部力量做出反应来保持其连续性，并以适应性和创造性的方式来生长。尽管个体生命会以死亡告终，但是文化的生命力不会就此了结。个体的细胞和组织会死去并被替换，但是个体的生命在持续。与此一致，文化的"细胞"也就是文化中的个体成员也会死去并被替换，但是不会就此破坏文化的生命力。在任何情况下，全部细胞不会同时故去，而是接续着死亡并持续被替换。在有机个体当中，新细胞替换旧细胞的过程，有助于维持个体的生物连续性。在文化当中，新成员替换旧成员的过程，保证了文化的连续性。这个过程构成了教育，其功能是把文化的生命力从群体传递给每个新成员，从而持续去更新它。

基于上述类比的有机隐喻，可以把教育等同于个体接受周围文化的过程。在不同语境当中，这样的类比都是切中要害的。特别是人类学研究或历史研究，它们有时会把特定文化作为研究单位，目的是要确定其内部结构或者确定支配其结构变化的法则。这类研究会给文化适应过程赋予同一个母题，进而探讨其在"文化模式"中的地位与机制，这种做法或许是可取的。心理学研究也试图发现跨文化的学习法则。此时，为所有社会学习过程赋予一个标签，以作为此类尝试的预备，确有可能获得一定的便利。在这些语境当中，有机隐喻可能会有帮助，因为它将文化适应过程与生物有机体的再生过程做了比较。与后者类似，文化适应过程也与众多现象有关，包含多种机制，其中的法则同样有待确定。

然而，当被移植到涉及社会政策的实务语境中时，有机隐喻就可能带有误导性了，因为它没有为在实务问题中至关重要的一些特质留下空间。比如，个别有机体的再生过程不涉及道德问题；而在文化"再生"过程中，道德问题往往是社会争议的核心。比如，这些特质可以用来把教与强制、宣传、威胁和灌输区别开来。此外，生物学上的再生过程，通常会被认为是不可以选择和控制的；在很大程度上，社会过程却被认为可以选择和控制。而且，正因为有不同选择的可能，社会政策问题才会形成。

此外，将文化连续性与个体生命的连续性作比也是过于简化的。关于个体连续性，有相当明确的生物学标准，符合这种连续性的变化范围也相当明确。比如，对于生命周期的描述就是一例。对于文化来说，就没有类似的明确标准，没有已知的生长法则或生命周期的正常模式。我们无法预知，文化可以在多大程度上改变其过往的特征，而又不失去其原有的同一性。如果不规定文化连续性的标准，那么从有助于这种连续性的角度出发，就难以理解教育要如何建构了。任何文化连续性都可以根据所选择的连续性标准，以不同且冲突的方式来推进。尽管所有那些标准都与抽象的文化连续性相容，但正是这些标准的差异带有道德维度，并因此具备了实务意义。

更进一步，当"功能"观念从生物学语境转换到社会语境时，也会产生类似的不确定性。① 即使对于文化连续性有具体说明，说教育的功能是保存文化连续性，也仍然不充分。当我们说这个或那个生物机制的功能时，大致上是在谈论它为有机体的正常或满意运转做出的贡献。比如，说心跳的功能是让血液在体内循环，是

① 此处得益于下面这些具体分析，可参阅：Hempel C G. The logic of functional analysis［M］//Gross L. Symposium on sociological theory. Evanston, Illinois：Row Peterson and Company, 1959. 文本中有关心跳的案例取自亨佩尔（Carl G. Hempel）。

指在通常情况下由心脏搏动造成的这种血液循环，对所涉及的有机体的正常运转不可或缺。因此，说再生过程的功能是以新细胞替换旧细胞，同样是说该过程实现的替换对于生物有机体的正常运转必不可少。在这些案例当中，"正常运转"这个概念的意思清晰明白。

如果假设教育可以实现文化连续性，对文化的正常运转或满意运转不可或缺，那么我们就同样需要一个关于此种运转的清晰观念。不幸的是，这样的清晰观念并不存在。即使搁置关于"连续性"的全部争议，我们仍然不能说关于教育功能的断言，可以像生物学上的"功能"陈述那般清晰。关于正常运转的标准，我们至少需要提供一些额外的说明。

不过，假设某个讨论提供了这样的规定，同时也为"连续性"一词指定了特定用法，那么此时关于教育功能是保存文化连续性的断言，在清晰度方面就与生物学中的"功能"陈述不相上下了。尽管如此，在教育和社会政策语境中最重要的道德特质仍然是缺省的。更糟糕的是，"功能"一词积极的道德内涵（这或许源于"功能"一词与生物学上令人满意的运转之间的联系，这种运转往往是受欢迎的），暗示社会功能观念也隐含了道德价值。

然而，这里描述的社会功能特质，显然无法得出任何道德结论；同时也有理由认为，积极的评价就蕴含在这些描述当中。比如，假设我们首先指定，"连续性"是指维持民众在政治和智识方面一贯的顺从态度；其次，"正常运转"是指某个独裁政权的现任掌权者可以毫无阻力地统治人民。那么，所有那些通过压迫、欺骗、歪曲、灌输和胁迫实现的政治和智识方面的顺从，就统统可以归类为"教育"了。我们可以由此得出结论，在所讨论的这个社会当中，教育的功能就在于保持文化连续性。在上面这两条假设的基础上，这项断言清晰且为真。因为，这个过程产生的顺从，对于独裁统治的平稳而言，确实不可或缺。但是，这并不意味着应该运用或赞同这样的过程。同样，这也不意味着独裁统治应该以某种正常或令人满意的方式运转，即并不意味着独裁统治应当免于反抗。道德议题不仅在社会"功能"陈述当中得不到强调，而且常常会与那些与"功能"有关但与社会意义无关的价值内涵相混淆。

在刚才讨论的案例当中，关注道德议题的人可能会对"正常运转"的这些设定提出异议，也有可能就"连续性"这个词提出不同的用法。通过这种方式,他或许可以保留"教育功能是保存连续性"的断言,同时对这句断言给出完全不同的解释。他也有可能放弃这种"功能"断言,改为直接表达自己的道德观念。他可能会说,教师有独立于各种所谓社会连续性的职责,比如说出真相、尊重学生智能、通过诚实且坦率的交往赢得学生的信任。

可以通过考察"教"这个概念,来接近我们在这里强调的要点。"教"这个观念,要比"文化适应"狭窄得多。我们可以说,各种文化通常都会要求新成员服从规则,无论这些规则会如何规定;同时,许多文化会有专门从事这项工作的机构。但是,有不同的方式可以让人服从规则,它们未必都可被称作"教"。其中,有些方式是完全非正式和间接的,主要通过交往和接触来实现,比如常见的语言习得过程。但是,并非一切正式的、有意的方式都是"教"。通过胁迫、催眠、贿赂、药物、谎言、暗示和公开的强制,都可以有效实现行动与规则之间的一致。当然,"教"可以采用各种方法。但是,有些让人行动的方式,是被排除在"教"这个术语的标准用法以外的。在标准意义上,去"教"就意味着至少在某些方面要接受学生的理解和独立判断，容忍学生对于理由的诉求，配合学生关于什么是充分解释的理解。"教"不只是让人相信，比如欺骗就不是一种"教"的方法或模式，"教"还有更多要求。如果我们要让学生相信某事乃是如此，那么我们其实也想让学生在自身理解能力的范围内、出于我们提供的理由来相信它。这样，"教"就要求我们向学生呈现理由，让这些理由接受学生的评估和评判。

如果是教某人如何做某事①，而不是教某人某事乃是如此，这时就常常会采用描述、举例的方式向这个人展示如何做，而不只是设定条件，令其实际上学会如何做。把孩子扔进河里，本身不是教他如何游泳；送女儿去舞蹈班，本身不是教她如何跳舞。甚至可以说，教某人去做某事（不同于教某人如何做某事），也不只是要让他做；这样的教也包括，在某个阶段让这个人接触我们让他做这件事的理由和意图。因此，按照术语的标准

① 本书第五章讨论了"教"的三种不同用法。上一段提到的"教某人某事乃是如此"，与这里的"教某人去做某事""教某人如何做某事"，分别对应于"X 教 Y 某事"（B）（X teaches Y that...）、"X 教 Y 去做某事"（D）（X teaches Y to...）以及"X 教 Y 如何做某事"（F）（X teaches Y how to...）。——译者注

用法，"教"就是承认学生的"理性"，也就是学生对于理由的诉求和判断，尽管该诉求并不适用于"教"这个过程中的每一个片段。

关于"教"和获取行动模式或信念的区分，这里的讨论可以说还只是方式上的。它们取决于以何种方式来实现这种获取。正如我们已经看到的那样，有机隐喻关注的是文化生命的连续性，实际上关注的是构成文化内容的行为规范和信念。对于这些内容的获取方式，以及我们借用"教"这个概念来阐述的那些方式，有机隐喻不做区分。然而，正是二者间的这些区分，涉及了社会和教育政策的核心道德议题。有机隐喻在某些语境中的有用性，不能说明我们提到的方式区分在实务或道德议题上就无关紧要。比如，教师的首要任务，就不能说是倾尽一切手段来调整学生，使之适应现行文化，确保文化连续性。教师是应当采取某种方式还是采取其他替代方式，是一个独立且严肃的道德议题，需要特别关注。该问题在有机隐喻中没有受到重视，但这并不表明问题本身不重要，而只能表明有机隐喻不适用于实务语境。

我们将以方式问题的根本性来结束这次讨论，并会再次提到"教"这个概念。我们已经努力指出，"教"

的观念比"文化适应"狭窄得多。可以说，每种文化都是通过使新成员服从规则来更新自身的。这绝不意味着在我们讨论的标准的意义上，这种更新总是"教"的产物。事实上，把"教"当成文化更新的方式和模式，是一种重要且基本的社会选择，包括对文化本身进行最广泛的理性评判。

在特定社会当中，这种对于"教"的选择可能会导致基本规则、信念和社会制度的巨大改变。相对于主流文化而言，这种变化是有可能甚至是有极大概率出现的。不过，这样的后果，也未必就是这种选择所致，尤其是当一个文化把各个基本领域的理性程序都制度化了的时候。这种文化欢迎评价和判断，是最强意义上的民主文化。这时，把"教"作为文化更新手段来尽力传播，实际上就是在支持与文化民主化相一致的事物。这会对文化中那些在制度层面免受批评的基本社会规则构成挑战。因此，这种对于"教"的支持，与民主文化的愿景是一致的。在民主文化当中，人们的理解不受限制，对政策的评判性判断不是某个阶层的制度特权；政策变化不一定是出于武断和暴力，而是借助了以理性说服和自由同意为基础的制度的引导。许多甚至大部分社会思想家不敢接受这种愿景，他们认为文化在此种意义的民主制度下是无法长久存续的。另外一些人则主张充分制度化的理性评判，他们完全意识到这样的做法的确会威胁权力划分僵化的社会，但是否认所有社会都会受到威胁，否认没有文化可以在自由交换、自由评判的基础上存活。简言之，问题不在于文化要不要更新，而在于这种更新以何种方式来制度化。在实务语境下，这个根本的实务问题不应该被那些在别处适用的隐喻所掩盖。

第四章　教

前一章讨论了"教"这个概念，给出了一种有关学习如何进行的重要特征。现阶段的讨论所涉及的，当然是"教"的日常用法、标准用法，而不是某种约定。这种标准用法值得我们做进一步的详细探讨，因为"教"这个词在众多教育讨论当中一直处于核心位置。这些语境清楚表明，应该以日常的方式去理解"教"。因此，在本章我们要检验"教"这个术语，努力理解其通常是如何应用的，以及它通常指的是什么。和第一章讨论的描述型定义一样，我们的用意是为"教"这个概念的公认含义提供一个说明。不过，我们不是要提供明确的定义，而是就公认含义的某些元素做非正式的讨论。

第二章有关"教"这个动词的"成功"和"意向"

用法，适合作为开始。在"成功"用法当中，动词所指的不只是在做某事，它还指某人所做或已做之事的成功结果。造一座房子，不只是忙于建筑活动，同时还意味着在这项活动当中取得了成功。因此，教某人如何游泳，不只是忙于教某人游泳，还意味着这样的教取得了成功。

为了简化分析过程，我们可以先不理会"成功"用法的相关考虑，而是把探讨范围限定在动词的"意向"用法上。在这样的限制下，我们可以把动词所指的"教"归类为这样一种活动：教是某人通常参与或忙于进行的活动。琼斯可能在教史密斯如何操作电锯，就像他可能在粉刷自己的房子一样。实际上，说琼斯在教，通常传达的是他正在参与教的活动。① 进一步来说，教

① 一个陈述可以传达或领会的内容，通常要比一个陈述蕴含的内容更弱。诺埃尔-史密斯（P. H. Nowell-Smith）以"语境蕴含"为名讨论过这一观念。（可参阅：Nowell-Smith P H. Ethics［M］. London：Penguin Books，Ltd.，1954：80.）他写道："我要说，如果所有了解语言惯例的人都认为在语境当中可以由陈述 p 推知 q，那就可以说在该语境中的 p 蕴含了 q。"他还强调，语境蕴含可以被明确撤回，但是在此之前我们都有权假定这个推论在所讨论的语境当中可以成立。当然，一个特定陈述通常会传达而非蕴含的观念，不需要像诺埃尔-史密斯那样去解释；本书使用了"语境蕴含"的观念，但是对其变体的解释持中立态度。有关教的其他分析，可参阅：Smith B O. On the anatomy of teaching［J］. Journal of Teacher Education，1956，7：339；Smith B O. A concept of teaching［J］. Teachers College Record，1960，61：229.

指向某个特定的结果，教是一种目标导向活动。

值得注意的是，并不是每一个有关琼斯的事实以及适合用动词形式来表达的东西都可以这样描述。人们通常不会说琼斯在参与下面这些事，比如呼吸、坐、散步，尽管他的确在呼吸、坐和散步。虽然他拥有财产，但我们不会说他在参与拥有财产；尽管他已经 57 岁了，但是通常不会说他在忙于达到 57 岁。教是为了达到一个目标，这个目标通常还需要注意和努力，这提供了与成功有关的定义。呼吸、坐和散步，并不以特定的方式指向目标。我们不会说在呼吸、坐或散步上取得了成功。拥有财产和达到 57 岁，并不体现对于某些目标的追求，它们甚至不会被描述为正在进行的事。对于"他在做什么？"这个问题，可以用"他在坐着""他在散步""他在打猎""他在教"来回答，但答案不会是"他在拥有财产""他在达到 57 岁"。在后面这些案例中，现在分词通常完全不适用。此时，我们会说"他拥有财富"，但不会说"他在拥有财富"；我们会说，"他已 57 岁"，但不会说"他在达到 57 岁"。①

不同的是，如果琼斯在解一个谜题，那么他就是在尝试解谜；如果说他在刷房子，通常的理解就是他正在尝试把房子刷好；如果说他在教史密斯如何操作电锯，通常就会认为他是在尝试让史密斯学会电锯操作。因此，他的所作所为，与一个正在追求的目标有关。这个目标有可能实现也有可能落空。琼斯在谜题上的努力可能是徒劳的，比方说这个谜题对他来说的确太难了。他也可能取得了成功，同时刷得一手好房子，甚至也成功教会了史密斯如何用电锯。无论成功与否，所从事的活动都指向了某个目标。这个目标定义了活动取得成功的标准，并且常常需要持续付出努力。在不同情况下，目标达成本身都意味着某种熟练程度。

我们当然可以努力做很多事，但并非所有事情本身都需要付出努力。比如，有的人可能需要努力坐上某把椅子，努力在一个氧气稀薄的房间里呼吸、在肺部受损

①　"他在拥有财富"（He is owning property）和"他在达到 57 岁"（He is reaching the age of 57），这两个句子在句子结构上本无不妥，但这两个句子的内容都在刻画一种状态，不是描述正在进行的事。因此，在英语当中，人们通常不会这么说。——译者注

的情况下呼吸，或者努力在不速之客到访以前出门散步。这些努力本身都有一定的目标，可能成功也可能不成功。但是，这并不意味着坐、呼吸和散步本身就是某种努力或者通常会包含努力。有的人的确不努力就没办法坐，但在这件事情上我们通常是不需要努力的。

此外，在某些特定场合下，坐的确有可能以某种方式与努力建立关联。一个正坐着的人，可能在努力放松和调节呼吸，他知道过度运动对自己的心脏有害。尽管如此，人们还是可以只是坐着，而不是为了放松或者任何别的事。说某人正在坐，这本身就意味着他正在完成某些事。与此不同，说某人在处理一个谜题，是说他正在努力解决它；说某人在刷房子，通常意味着他在尝试把房子刷好；说某人在教一个学生如何操作电锯，通常是说他在尝试让学生学会电锯操作。

这里要防止一个误解：整个下午都在处理谜题，并不意味着当天下午就能解决它。谜题可能非常难，难度众所周知，解题的人根本没可能在几小时内就解决掉它，甚至根本没想过要在短短数小时内达成目标。但是，不论有没有时间限制，除非这个人的所作所为是为了努力解谜，否则就不能说他是在解谜，即使他整个下午都在对付这道题。同样，一个人可能整天都在刷自家的房子，但并不打算在天黑以前刷完。可是，如果这个人从没打算刷好房子，那就很难说这个人花了一整天时间在刷房子。最后，学习电锯操作实际上可能需要许多次课。因此，琼斯可能教了史密斯一两个小时，但是并不打算在一两个小时内就让他学会操作电锯。但是，除非琼斯是在尝试让史密斯学会电锯操作，否则在正常情况下琼斯就不可能被认为是在教史密斯操作电锯。总之，活动目标有可能不是活动本身所能达成的，也可能不是活动的某个部分所能实现的，甚至目前根本就没有实现的条件，但是从事一项活动通常来说还是包含了努力。

最后要注意的是，这里讨论的教通常被认为要包含实现学的努力。但实际上，这句话如果反过来说就不能成立了。正如前一章有关方式问题的讨论所强调的那样，实现学的努力未必涉及教。因此，尽管学的实现对教的成功必不可少，但仅仅实现学还不够；学还必须以适当的方式来完成。

我们已经看到，通常理解的教是一种活动，需要付出努力、可以练习、可以提升熟练程度，且指向的目标有可能超出活动的任何一个部分。我们现在必须搞清楚教的时间特性。作为一种活动，教需要耗费时间。假设我告诉你，我在教约翰，你接着问："什么时候？"我如果回答："昨天，正好在下午3点15分，既不在这之前，也不在这之后。"那么，这样的回答就是荒唐的。和雷击或流星划过天际时发出耀眼的光芒不同，教不是一种即时性的事件。因此，"你在哪个时间点教约翰？"这样的提问没有意义。"你教约翰多久了？"则会是一个十分合理的问题。①

现在要注意的是，"你教约翰多久了？"这个问题大致可以有两种回答。一种回答是相对较短的时间间隔，比如"两小时"。另一种回答涉及的时间间隔更长，比如"三周"或"两年半"。让我们把所有这些时间间隔称作"教学时间"，同时要注意教学时间里的各个组成部分未必也是教学时间。比如，琼斯在过去三周一直在教史密斯开车。那么，在这三周里，当史密斯吃饭、上班、睡觉或访友时，琼斯就显然没有在教。相反，这三周时间是以一定模式的、相对单一的教学时间为特征

---

① 相关讨论见于：Vendler Z. Verbs and times [J]. The Philosophical Review，1957，66：143.

的，我们可以称其为"课"。

如果一个连续教学时间的各个部分本身也是同一类型的教学时间，那么我们现在就要把一节课构想为这样一种连续教学时间，它本身不再是某个连续教学时间的一部分。课的模式化序列，因此就可以构成一个复杂的教学时间，比如一门教程或该教程的某个部分。尽管比教程的规模要小，但是每节课仍然是一个时间间隔，不是一个瞬间。当然，像是学生突然开窍这样的重要事件，仍然有可能是即时性的。这些事件的发生，会让整节课变得不一般。

现在，让我们来处理单独一节课的问题。一节课里的教有什么特点？为了判定眼前发生的是教，我们需要观察些什么？我们已经强调过，教是一项活动，是以特定方式达成特定类型的学。但是，在回答上面的问题时，这些含义的应用仍值得详述一番。

人们常常假设，凡是活动都可以理解为特定的身体动作模式。我们已经否认过，可以用动词形式表达的有关人的事情未必就是某种活动。略想一想就很容易看出，某些这样的描述，并不容易被分析为关于动作的陈述。琼斯目前在得克萨斯州拥有 740 英亩土地。这与他目前的身体动作模式完全无关。琼斯刚满 45 岁，这同样与他目前的动作无关。不过，这个年龄可能会与他的生理状况有某种笼统的联系。这样的案例相对容易区分，可以被标记为"状态"。这就可以避免这样的陷阱，误认为活动都可以被理解为特定的身体动作模式。毕竟，活动是我们做的事，而做事不就是通过身体动作在环境中引起某些变化吗？

后一个论证貌似合理，不过仍然存在误导。首先，上面提及的"状态"，通常不被认为是我们做的事。"他现在在做什么？"这个问题，恐怕不能用"在得克萨斯州拥有 740 英亩土地"或"刚满 45 岁"来回答。更进一步来说，可以回答这个问题的那些事中有些也容易被看成特定的身体动作模式。比如，"只是坐着"、"有规律地呼吸"（护士对病人说的话）以及"在公园散步"，就都是合适的回答，同时也都表明了某种动作模式。（这里的动作模式是宽泛意义上的，包括姿势、转向以及移动。）

不过，"他现在在做什么？"还有其他适合的回答，比如"正在做几何题"。这是对一个活动的描述，该描述就不能以某种特定的动作模式来解释，我们稍后来展示这一点。现在可以看到的是，"做"是一个宽泛的范畴。它既包括初步被认定为可以用动作模式来解释的事，也包括那些无法做此种解释的事。正是这一事实，瓦解了活动必须是动作模式的论证，因为活动就是我们"做"的事。

这个事实还要参考实例来具体检验。我们可以比较一下呼吸和解几何题的情况，二者都被认为是在"做"一点什么，与上述所谓"状态"不同。如何判断一个人在给定时段内是否在呼吸？我们观察到，在这段时间内有某种重复的动作模式，会规律性地吸入和排出空气。我们可以比较一下男孩在给定时段内解几何题的情况。为了解决问题，他当然要做一些合理的事。为了解题，这个男孩必须付出努力，同时也必须去"做"。可观察的"做"，可能还会随着情况的不同而发生变化，并且无论如何都会与反思有关。为了知晓面前的男孩是真在解几何题，而不只是在摆弄纸笔，我们就要判断他的确在思考，还要判断无论他做的是什么都包含解题的期望。判断他在思考就已经超越了明显的肢体动作，尽管未必会超越某些不可观察的内部变化。此外，判断他要做什么，我们通常还要超越他在当前时段内的身体动作。比如，我们可能知道他在学校有几何课；他的家庭作业里有几何题，这些题隔天要交给老师；他以往总是按时交作业；他常常表现出学习数学的愿望。

所有这些外部信息，都是判断他当前意图的线索。根据这些线索，我们就可以解释他正在做的事包括他当前的动作，说他"正在解题"了。可观察的动作，可能是无限多种类当中的任何一个。他可能在地板上踱步、望向窗外、观察图表、摆弄纸张、紧皱眉头等等。此外，在不是解几何题的情况下，这些动作也都会经常出现。因此，没有哪个动作是这种工作的必要条件或充分条件。这意味着，把所有这些动作加总在一起也仍然不构成必要条件，所有这些动作的各种替代方案也不可能构成充分条件。这就是一个不能视为某种特定动作模式的活动的案例，尽管它也是一种"做"，尽管有某些事情的确被完成了。除了包含思考，这段时间内做的事还需要借助语境条件来解释。

回到之前的问题，看一看在一节课当中发生的教。显而易见，这与在特定时段解几何题的情况类似。教也包括让某人学会某事的意图和动作。在这里，可观察的动作模式，同样有无数种变化，而且会在根本不涉及教的情况下出现。教师可能说话也可能保持沉默，可能写字也可能完全不动笔墨，可能提问也可能不置一词，可能使用特定的材料或设备也可能不用。此外，那些不在教的人，也有可能做所有这些事。因此，一个人是在教还是只在评判、冥想、争论、愠怒、娱乐等，无法直接从教师在这节课里的动作看出来。除了要搞清楚教师在想什么，关于教师在一节课上做了什么的解释，还取决于做这些事情的意图。这种意图会因为这节课的背景信息发生变化。因此，教不能被解释为教师完成的某种特定动作模式。

根据这里的分析，以极端行为主义的术语来思考教，这种做法在最佳状况下也仍然会包含歧义，在更糟糕的情况下则会是完完全全的误导。回到几何题的案例，我们可以合理地认为，除非这个男孩能以口头或书面形式提供证据，否则他实际上就是不会解题。证据一旦给出，我们就可以检验其有效性了。只是在这一微弱的意义上，才可以承认"行为主义"证据（也就是男孩动作的口头或书面产物）进入了我们的视野，可以用来判断男孩的活动有没有成功。但是，这并不意味着这些证据产物总是可以事先刻画出来。我们无法泛泛地说哪种口头或书面动作模式是解几何题、数学题的充分条件。仅从数学的角度，就可以证明这样的描述是不可能的了。这种情况在科学当中也普遍存在。科学理论一旦提出，就可以针对其科学价值进行评估。但是，关于如何获取有价值的理论，我们并没有一定的通则。因此，把解决问题设想为受规则控制的某个复杂动作序列，这只是一种想当然。

当然，这并不意味着男孩在处理几何题（不同于解题）就可以解释为这样一个序列。认为学几何是掌握某种独特动作模式或者教几何是预先规定要完成的动作，这样的假设是错误的。

类似地，如果某个教的活动成功实现了学，那似乎就可以合理地认为，可以对学生的知识、技能或态度进行标准化测试，去进行某种行为主义的检验了。但是，即使教取得了成功，也并不意味着教可以被描述为某种标准化的动作模式，更不要说教并未取得成功的情况了。因此，下面这些观念都是错误的：以为掌握了某种独特的动作模式就可以学会教，或者以为规定好这样的动作模式并将之作为某种通则就可以教人如何教。在教人如何教方面可以做什么，这确实是一个重要的问题。现在我们只需要指出，那些可能有益的规则，恰恰类似于教几何或科学时合理使用的规则，而不同于教拼写时会用到的那些规则。

总结这部分的讨论可知，为了确定琼斯在指定时段内是否在从事教的活动，我们既不能依靠一两次即时的观察，也不能只根据这个时段内琼斯的动作。相反，要依靠的信息往往来自这个时段以外。我们要看，琼斯的目标是不是要让"某人学会某事"，这些作为有没有被不合理地认为有可能实现学，以及能不能满足通常理解的教的那些方式要求；尤其是，琼斯在此期间会不会承认所谓的学生的判断，比如学生未曾被系统性地禁止提出诸如"怎样""为何"或"基于什么理由"之类的问题。

如果琼斯是在教，那么他就是在付出努力。努力做某事，显然并不总会取得成功。是否成功取决于个人努力以外的因素，要求万事俱备。狩猎狮子是试图捕获一只狮子，而捕获狮子是想要取得成功，不只是一种努力。根据我们早先的标准，成功或取得成功并不是一种活动。它不是某人从事的事，甚至不是某人做的事。没有人在从事成功，这与让自己看起来成功或者实际上取得成功是不同的。同样，在回答"你在做什么?"时，说"我在狩猎狮子时成功了"不合适，回答"我在狩猎狮子"就可以。

人们有可能极力反对这一点，认为前一个明确提及成功的回答确实不合适，但是后一个间接提及成功的回答没什么问题。在回答某人在做什么时，我们可以说"他去狩猎狮子了"。说琼斯去参加了狩猎远征、正在忙于狩猎狮子，这肯定是合适的。

这个反对意见错误地假设，在这些情况下对于成功有一种默认用法。动词"捕获"确实有"成功"用法，但它也有"意向"用法。在"意向"用法中，它并不暗示成功。要识别出目前的案例都属于"意向"用法，只要想一想它们与失败并不矛盾就可以了。未能捕获狮子，并不会改变我们先前对猎人正在捕狮或者正在从事捕狮工作的描述。因此，这个描述并不预示至少有一头狮子的确被捕到了。当猎人归来，声称自己已经捕到了一头狮子时，情况就不同了。在这里，他的声明与他的空手而归明显不符。他不只是尝试捕一头狮子。如果他说的是真话，就得是真的捕到了。我们早先得出的结论因此可以成立，即成功既不是一种活动形式，也不是一种做的类型。正如赖尔（Gilbert Ryle）强调的，成功是活动的适宜结果。[①]

活动有适宜的结果，这意味着活动也有可能失败。因此，尝试就总是冒着失败的风险。适用于给定活动的规则告诉我们，应该如何尝试才能避免失败，应该做什么才能放大成功的可能。但是，这样的规则并不都属于同一个类型。在某些情况下，可以制定有用的规则，奉行不悖就可以确保成功。从整体上看，活动仍然有可能失败。不过，只要遵守规则，就不会失手。我们可以把足以确保成功的规则，称为活动的"周延规则"（exhaustive rule）。比如，一个孩子试着正确拼写"CAT"这个词。在这里，我们就可以制定出一个有用的周延规则："第一步，在左边留出一个字母的空格，写'C'；第二步，不空格，在'C'同一行的右边写'A'；第三步，不空格，在'A'同一行的右边写'T'；在'T'的右边，留出一个字母的空格。"孩子们实际上也可能并不遵守这些规则，但是对于所讨论的活动和语境来

① Ryle G. The concept of mind［M］. London：Hutchinson's University Library，1949.

说，这些规则是周延的。这是因为，遵守这些规则的任何孩子，在拼写"CAT"时都不会失败。此外，这些规则也是有用的，因为一个不知道如何正确拼写"CAT"的孩子，完全可以照着这些规则来完成此事。

与这类周延规则不同，另外一些规则是"不周延规则"（inexhaustive rule）。我们可以设想一下，狩猎规则可以告诉猎人在狩猎狮子时应该做些什么。这些规则涵盖了训练、准备和狩猎过程的诸多细节。比如，与狩猎有关的其中一条规则可能是："用装好子弹的枪瞄准狮子，然后当距离等条件合适的时候扣动扳机。"我们可以假设猎人的知识和技能都很出色，可以正确理解什么叫"条件合适"，也不折不扣遵守了这一组以及别的规则。但是，即使这样也仍然不能保证这名猎人可以捕到狮子，狮子仍有可能在关键时刻突然跑开。同样，在游戏中取胜的规则也是"不周延的"。一个人可能遵守了所有训练和比赛规则，但是仍然以败北告终。

从收益的角度看，如何在干草堆里寻针的规则是"不周延"的，此前提到的寻找几何证明方法的规则也同样如此。小学里教的算术"计算"规则（比如加法），则更类似于拼写规则。（值得注意的是，数学规则并不都属于同一类。)

当然，很容易制定出没有什么收益的周延规则。比如，关于已经提到的狩猎规则，我们可以加上"杀死狮子"这一条。任何遵循后面这条规则的人，都不会在捕猎狮子的事情上失败。但是，如果一个人不知道如何捕猎狮子，那么通常来说他也就不知道如何遵守这条规则了。另一方面，省略这条无用规则，会让整套规则变得不周延。同样地，对于寻求建议、想要赢得比赛的人，我们可能会说："在所有对手之前到达终点线。"对于在干草堆里寻针的人，我们可能会说："定位好那根针，弯下身子捡起来。"一般情况下，这样的规则毫无帮助。不幸的是，对于正在寻找几何证明方法的学生来说，下面的规则尽管也是正确的废话，却不会显得那么无用："找到一系列陈述，以所讨论的定理作为结束。每个陈述要么是公理，要么可以从序列中的前序陈述合乎逻辑地推导出来。"这些学生面临的问题，恰恰是如何找到这样一个序列。在这个问题上有帮助的规则，无法同时确保成功。如前所述，在寻找有效的科学理论时，情况也同样如此。

现在，如果回过头来讨论教的规则，那么与拼写规则相比，它显然会与猎狮规则更为接近。就我们目前所知，还没有哪一项能够提高成功概率的规则，对于可能的教师而言既周延又有用。教的规则充其量可以改善状况、让教更有效，但是不能彻底排除失败的可能性。假如我们乐意，可以把教称为"实践艺术"。这是因为，广义上的教是一种活动，旨在实现某个成功的目标。教可以通过某些规则来改善，但是这些规则本身无法确保成功。提供这样的规则，是教育研究的重要任务。一些规则会把那些无效方式排除在外，其余规则会指出在众多有效方式中哪些相对来说会更有效。

作为一种实践艺术，教与医疗、工程和烹饪类似。此外，它们都与科学不同，科学被认为是一系列基于最佳可用证据的为真的陈述。对于这些陈述，我们可以说它们是真是假、证据充分不充分、可信不可信。所有这些描述，全都不适用于教、建桥、烘焙或者病患护理。后面这些是活动，不是陈述。相反，陈述不是做或参与的事。当"科学"指的是一组陈述时，就需要把这个词与指称活动的术语区分开来。然而，科学陈述并不是自然发生或自己长出来的。它们本身是科学家活动的产物，对于这种活动我们可以用"科学探究"一词来指称。这种探究本身是另一种实践艺术，类似于教和建桥。它也是一种做的事，目标是发展出更加充分的理论。它可以通过某些规则来改善，但这些规则同样无法确保成功。在这些方面，科学探究与所有其他实践艺术都是类似的。

不过，从另一个方面来说，科学理论又是所有其他方面的核心。它追求的结果，是要对所有已知事实证据做充分的表达。正是这些表达，不但用于推理和预测，还用于构建活动规则。这些规则因此会适用于一切实践艺术，包括探究活动本身。为实现特定结果而采取的程序，其相对效果如何？这些陈述提供了相关的信息，同时也指出了哪些程序是无效的。这些陈述详细告诉我们，程序在哪些方面有可能相互冲突、有可能产生哪些意料之外的后果。所有这些信息，显然都与提高活动的总体效果有关。教育中的科学探究或者教育研究就是一例。它可以提供这样的陈述，来告诉我们哪些教的程序最有效，哪些程序组合存在冲突，给定程序有可能存在哪些副作用。因此，教育研究与教的关系，或许可以与物理研究与工程领域的关系、医学研究与临床医学实践的关系作比（后一个比较或许更恰当）。

刚才的案例的确可以构成一种提醒，实践艺术与可以称为"基础科学"的东西之间的关系不宜被过分简单化。我们尤其不能假设每一种实践艺术的背后都相应有某些独特的基础科学，无论这个模糊的范畴具体包含什么。医学研究的范围不只是生物学，教育研究的范围也不限于心理学。科学分支本身当然没有那么重要、那么稳定。但是，科学的状况在很大程度上源自科学理论本身的独立发展，与界定实践艺术的那些目标无关。人们越来越相信，心理学与药物研发有关，生物学和化学对精神病治疗有贡献，物理学对社会治理有价值。一定不能认为教育研究是一门独立的科学，它应当被看作众多对教育实践有影响的科学的共同焦点。① 这些科学不仅包括心理学，还包括社会学、人类学、生物学以及经济学等等。

尽管各种重要的实践艺术并没有各自独有的科学基础，但是科学内容在多大程度上被作为一门实践艺术的基础，是决定该实践艺术专业化程度的一个重要因素。因为，指导实践的规则有可能来自事实信息而非复杂的科学探究。这些规则有可能来自常识、民间传说或者实务工作者积累的经验。这些规则可能十分可靠，但却是各自孤立的。这意味着，这些规则与科学陈述的理论结

---

① 谢弗勒不把教育研究当作一门独立的科学。这是他把教育讨论中的相关定义当作常规概念的原因。要知道，他的分析是不包含科学概念的。我手头有《教育的语言》1962年版。在该版本的书衣正面，标有这样一句话：本书是"谢弗勒博士在教育思考和论证上，对于哲学方法的应用（application）"。这是一项旁证，可以佐证谢弗勒眼中的教育研究是一个应用领域，而不是独立的学科。无独有偶，英国分析教育哲学家彼得斯也采取了同样的立场。他在1963年就职伦敦大学教育学院教育哲学教席时，发表了教育哲学史上非常著名的一次演说。他认为："教育不再是自成一家的一门学问，而是一个类似于政治学那样的领域（field），历史、哲学心理学和社会学等学科都可以在其中得到应用（application）。"（Peters R S. Education as initiation [M]. London：Evans Brothers，1964：7.）谢弗勒和彼得斯是英美分析教育哲学领域的两大领军人物。他们对于教育研究的看法没有贬低教育的学问，反而强调了教育的重要性，认为教育是一个值得各学科共同努力的所在。——译者注

构之间的联系并不清晰。因此，它们或许对于实务工作者确有帮助，但是一般来说无法让实务工作者理解自己从事的工作以及为什么那些程序会有效。①

指导古代医疗实践的各种有关草药效果的知识，与今日最先进的医疗实践中的理论知识可以做一番比较。前者是孤立的，没有提供对所推荐程序的通用理解。这并不是说这些程序无效。在许多情况下，正是这些程序预示了后来那些更为先进的程序。医疗实践目前的专业地位，在很大程度上来自它与科学理论的联系。这些理论逐步让医生可以理解和解释自己的行为。这种能力意味着，医生不只是遵循经验法则；在选择和调整针对个别病患的治疗方案时，医生是在理论装备的指导下进行实际判断和自主裁量。

不过，专业地位是一个有高下程度的问题，并且会随着时间的推移而发生巨大变化。我们已经把有关草药的原始知识与当代医学研究进行了比较。实际上，如今很少有什么实践艺术能在专业地位方面与医学相媲美

① 对相关问题的处理可参阅：O'Connor D J. An Introduction to the Philosophy of Education ［M］. London：Routledge，1957：chapter 5.

了。另一个极端是烹饪，其中仍然主要是在遵循经验法则。这些经验法则通过试错的方式累积下来（食谱的作用也在大大增加），从母亲传给女儿、从朋友传给朋友、从主厨传给学徒。关于这些程序为什么有效、为什么它们要优于其他程序，几乎没有或完全没有任何理论解释。

当然，从医学到烹饪并不存在一个精确定义的连续体。我们没有办法把各种活动放在这个假想的、粗糙的连续体上。如果非要猜测教这种活动的位置，许多观察者会将其置于中间位置，与烹饪这一侧更近一些。这种位置分配即使正确，也是可变的。没有什么先验的理由，会说教师实践不能越来越多地接受科学理论体系的指导。这样的进步，部分依赖于科学尤其是社会科学的独立发展。另外，它也部分取决于持续把科学研究应用于教育实务的意愿。无论如何，教的日益专业化，在很大程度上依赖于这种发展。这将使教师可以越来越多地基于理论理解来判断和选择程序，而不只是遵循前人流传下来的传统，遵循其中那些菜谱式的规则。这不是说这些传统没有用，也不是说我们现在就要放弃它们。相反，在教育的众多领域当中，我们目前几乎找不到别的更好依据了。然而，完全有可能对这种传统保持双重态度：一方面，准备好在目前的实践中服从其指导；另一方面，支持有关教的科学研究，在发展此类研究的同时，在评判和调整我们教育遗产的过程中扩展此类研究的作用。

在结束这里的讨论以前，还有必要基于此前的分析对教与科学探究之间的关系提出一种通用的看法。教和科学探究，是受不同目标控制的两种不同活动或实践艺术。研究结果可以用于改进教的实践，但是研究目标与教的目标仍然不同。研究目标是构建可以覆盖全部事实的理论，这些理论因此可以被视为我们对于自然真理的最佳估计，可以被认为是我们的行动指南。在努力实现这一目标的过程中，研究往往会远离实际和日常的世界，尽管这些研究结果终有一天会在其中得到应用。正因为这种从实际世界的抽离，让科学研究有可能提供精练而全面的原理，来解释在那个世界发生的事情。

因此，科学研究的目标，使其与关注日常行动的其他实践艺术有了区分。比如，教师的目标是在此时此刻的学生当中实现某些类型的学习，而不是发展一个用于解释这种学习的理论工具。鉴于目标的不同，这种分歧可以理解，同时也是合法的。更重要的是要注意，尝试缩小这一差距或许不是在改进而是在妨碍实践。越是关注局部和实务问题，就越难以获取通用的、理论的理解，研究对于实务问题的指导和解释能力也就越差。

为了有效联系教的研究与实践，对教师与教育研究者之间的目标分歧要予以合法化，并且要求二者与教育实务界保持不同的距离。当然，教师和教育研究者之间也需要保持一种互惠互利的关系。教师不仅要理解研究者在目标上的差异和在实务取向上的不同，还要理解研究者的研究成果对于自身工作的意义。反过来，研究者不但要理解教的不同目标，还要理解不同情境特有的教的问题，并愿意把这些问题作为研究起点以及研究成果得到应用的终点。

第五章 教与告诉

关于作为一种活动的教，上一章提供了一些通用的考虑。本章将考察代表"教"的常见用法的三个范式，并与"告诉"（to tell）的相应用法做广泛的对比，以此来突出教的某些细节特征。希望这些分析不仅能更全面地呈现人们熟知的"教"的内涵，而且能在澄清有关课程的讨论上提供实质性的帮助。

让我们先来了解三组模型，其中的每一组都包含两部分：一是"教"的典型用法的模型，二是对应的"告诉"的典型用法的模型。在后续讨论当中，每个模型都会以相应的字母来指称。

A. X 告诉 Y 某事（X tells Y that … ）

B. X 教 Y 某事（X teaches Y that … ）

    C. *X* 告诉 *Y* 去做某事（*X* tells *Y* to … ）

    D. *X* 教 *Y* 去做某事（*X* teaches *Y* to … ）

    E. *X* 告诉 *Y* 如何做某事（*X* tells *Y* how to … ）

    F. *X* 教 *Y* 如何做某事（*X* teaches *Y* how to … ）

"告诉"适合作为这里的比较对象。这是因为，"告诉"在灵活性上和"教"类似，它也有上述三组模型代表的三种用法；此外，在用法上，"告诉"也与"教"紧密相关。尽管并非全部，但在许多情况下，教也包含告诉。与此不同，"指导"（to instruct）可以用在"*X* 指导 *Y* 去做某事"的语境当中（相当于 D），但是通常不用在"*X* 指导 *Y* 某事"的语境当中（相当于 B），也不用在"*X* 指导 *Y* 如何做某事"的语境中（相当于 F）。另一方面，"知会"（to inform）通常用在"*X* 知会 *Y* 某事"的语境当中，但是既不用在"*X* 知会 *Y* 如何做某事"的语境当中，也不用在"*X* 知会 *Y* 去做某事"的语境当中。"告诉"因此更适合作为比较的参照物。

    现在，让我们来比较 A（告诉某人某事）和 B（教某人某事）。和教一样，告诉通常也包含尝试。与教不同的是，告诉通常不涉及 *X* 试图让 *Y* 学会点什么的意图。因此，如果 *X* 成功教会 *Y* "哥伦布发现了美洲"，

那么 Y 就在某个时刻学会"哥伦布发现了美洲"[①]。如果是 X 成功告诉 Y"哥伦布发现了美洲",我们就不能推断 Y 会在某个时间学会这一事实或者终将学会这一事实。因为,为了让 X 成功告诉 Y"哥伦布发现了美洲"(X 确实告诉了 Y),就需要听众 Y 满足某些条件。比如,Y 必须意识清醒,Y 处在听力所及的范围内,并且 Y 能理解 X 使用的语言(至少可以借助某种方式来实现这一点,比如寻求译员的帮助)。如果 Y 并未察觉到,Y 刚好在听力范围以外,或者 Y 无法理解 X 的语言,我们就可以把 X 的沟通努力描述为"尝试告诉"或"有意告诉",但不会认为 X 的沟通是成功的。不过,成功的告诉确实不要求 Y 在现在或未来能够学会 X 提供的信息。Y 有可能理解这些信息,但是没有任何外部迹象可以表明这一点。即使 Y 正在做白日梦,Y 被其他东西转移了注意力,或者 Y 声称自己没有听到 X 提供的信息,我们也并不完全确定 X 的告诉就不成功。X 可能会回应说:"是的,我确实告诉过你,但是你没有听。你在专心读报,所以没有听到。"(X 恐怕永远不会以这样的方式来说话:"是的,我确实告诉过你,但是你当时没有觉

---

① 原文的后半句里是"X",于理不通,因此改为"Y"。——译者注

察"，或者"你不懂英语""你离我太远，所以才听不到"。）总之，无论成功的告诉需要什么条件，Y 的学习总归不在其列。

相反，X 教会 Y（在教 Y 一事上取得了成功）"哥伦布发现了美洲"，通常暗示 Y 已经学会"哥伦布发现了美洲"。这种学习包含什么，这种学习如何表现出来，是重要且独立的问题。Y 必须能陈述这一事实，或者能以间接方式应用这一事实，确切的细节对于这里的意图而言并不重要。这一事实 Y 需要记住多久？这个问题的准确答案（如果确实有的话），同样与当前的关注点无关。Y 可能很快就忘记了这一事实，但是除非 Y 能记住一段时间，否则就不能真正说 X 成功教会 Y "哥伦布发现了美洲"。顺带说一句，参考"记住"，可以解释为什么测验与教有关而与告诉无关。如果测验显示学生完全没有记住，我们就可以合理推定 X 教得并不成功（假设不存在起初记得、后来又忘掉的情况）。可是，在测验显示学生同样没有记住的情况下，告诉却有可能非常成功。

我们已经说过，学会"哥伦布发现了美洲"对于 Y 来说意味着什么，这是一个重要的问题，但还不是我们目前的关注点。不过，我们不能假设所有 B 型陈述，在成功的教必需的学习类型上也全都相同。实际上，因为在教育讨论中明显不同且至关重要，而且可以用来进一步区分 A 型和 B 型陈述，所以 B 型陈述有必要另做区分。我们可以把"哥伦布发现了美洲"这样的句子称为"事实陈述"。重要的是，A 型和 B 型不仅可以在各自空白处填入事实陈述，而且可以填入陈述规范的句子，比如"人应该偿还自己的债务"或者"诚实是上策"。[①]因此，我们可以说"告诉"某人"应该偿还自己的债务"，或者"教"某人"诚实是上策"。在一些初步的评论之后，后一类陈述还需要做进一步的检验。

"事实"与"价值""规范"的区别，以及"事实性"陈述与"伦理性""道德性"陈述的区别，已经被哲学家们广泛讨论过了。近来的许多哲学分析者，已经对此做出了杰出的贡献。这些问题困难且复杂，尽管许多要点已经被揭示了出来，但还没有哪一个统一的解决

---

① 这类规范陈述不仅包括"人应该偿还自己的债务"，还包括"诚实是上策"这样的句子。前者通常被认为是在表达道德原则，后者则更倾向于表达实用的名言警语，不以道德原则为基础。因此，这类规范陈述句，要比伦理学讨论中的常见解释宽泛得多。这里之所以采用这种更加宽泛的解释，是因为其更适合我们主要关注的教育问题。

方案普遍得到了接受。① 不过，这里对事实陈述和规范陈述的区分，并不作为对这些问题的统一解答。这里提出的区分，对于规范陈述的很多问题保持开放，比如是不是"认知性的""为真抑或为假"，以及"能否借助经验来验证"等；同样，事实本身是否具备"规范性"的力量，这个问题也同样保持开放。在目前的讨论中，规范陈述多指那些在填充"Y已经学会某事"时容易出现歧义的句子。那么，这种歧义是什么呢？

如果说琼斯已经学会"诚实是上策"，通常我们大致可以用两种不同的方式来解释所说的内容。一方面，我们可以说琼斯已经习得了这里所指的规范或行动模式，他已经养成了在行事当中秉持诚实原则的倾向，他已经学会了诚实行事或者已经学会了诚实。在这种解释当中，获取规范或行动模式不必是琼斯所学的全部，但它的确是一个不可或缺的部分。琼斯不诚实的公开证据，会反驳他已经学会"诚实是上策"的判断。类似地，如果某个学生明确拒绝归还自己借过的钱，根据我

---

① 对于这些问题的评判性考察以及新近的方案，可参阅：Aiken H D. Moral philosophy and education ［J］. Harvard Educational Review, 1955, 25：39, reprinted in Scheffler I. Philosophy and education ［M］. Boston：Allyn and Bacon, Inc. , 1958.

们当前的解释，这方面的证据会表明该学生还没有学会他应该偿还债务。让我们把上述解释称为"效用解释"（active interpretation）。

另一方面，关于"琼斯已经学会诚实是上策"或"琼斯已经学会应该偿还债务"的声明，还可以有一种非效用解释（non-active interpretation）。在这种非效用解释中，该陈述为真并不要求琼斯获取所指的行动模式。因此，琼斯不诚实的证据，不会被认为是反驳"琼斯已经学会诚实是上策"的证据；故意不偿还公认的债务，也不会被认为是对后面那项判断的反驳。这样的证据至多可以解释为琼斯意志薄弱、不够理性或者心手不一。这些证据不会被认为与这些陈述本身的真实性不相容。"学习"声明的效用解释和非效用解释都很常见，而且在理论上都是合法的。正因为如此，这些"学习"声明就出现歧义了。如果要对这类声明所指的重要案例做出单一判断，就需要澄清在实际上使用了哪种解释。

不过，我们刚才注意到的歧义，只在某些句子被用来填补"Y已经学会某事"的空白时才会出现。这些句子可以称为规范陈述，其中就包含了上述歧义。对于这类句子是不是说出了某些事实，人们并不做任何预设。

其余的句子可以称为事实陈述。对于这类句子是不是表达了任何规范，人们也同样不做任何预设。

把事实陈述填入"Y已经学会某事"的空白处，会出现什么结果呢？我们现在就可以来做考察，亲自看一看不出现上述歧义的案例。试考虑这项陈述："史密斯学会哥伦布发现了美洲"。要出现上述歧义，就必须证明该陈述同时适用于效用解释和非效用解释。效用解释要求史密斯已经获取了由填入的事实陈述指称的规范或行动模式。但是，在目前这个案例当中，填入的句子并不指称这样的规范。简单来说，"琼斯学会诚实是上策"，通常暗示琼斯学会了诚实；"琼斯学会人应该偿还债务"，通常暗示琼斯获取了偿还债务的倾向。尽管如此，"史密斯学会哥伦布发现了美洲"，并不暗示史密斯要成为哥伦布、成为美洲或者效仿二者，也不暗示史密斯获取了发现美洲的倾向。"史密斯学会哥伦布发现了美洲"并不存在歧义，因为效用解释在这里根本不适用。

现在，我们来把各个线索整合起来。我们看到，有些句子（规范陈述）可以让各种具体的"学习"（也就是应用这些句子的语境）带上歧义。在对这些语境的效用解释当中，这些规范陈述指称的学习，包含获取由规范陈述指示的规范或行动模式。在非效用解释当中，这种获取就不是所讨论学习不可或缺的部分。我们还看到，其他句子（事实陈述）由于其所嵌入的"学习"语境排除了效用解释，所以这里讨论的歧义并未出现；此时唯一适用的是非效用解释，即对"学习"的陈述并不意味着规范的获取。

回想一下，我们在区分 A（X 告诉 Y 某事）和 B（X 教 Y 某事）时发现，成功"教某人某事"暗示了相应的"学习"，成功"告诉某人某事"并不暗示这一点。对于 A 型陈述来说，填入空白处的是事实陈述还是规范陈述无关紧要。因为事实陈述和规范陈述的差异，在于"学会某事"这个语境所描述的学习类型的差异。因此，X 成功告诉 Y"诚实是上策"的条件，通常与 X 成功告诉 Y"哥伦布发现了美洲"的条件相同。比如，Y 必须意识清醒、处在听力所及的范围内以及能够理解 X 使用的语言等。

相对地，在转向 B 型陈述时我们发现，当填入空白处的句子由事实陈述变为规范陈述时，确实有可能对教的成功条件产生影响。因为，此时教的成功暗示了相应的"学会某事"；并且，当填入空白处的是规范陈述、在语境中被给予效用解释时，所涉及的学习就包括 Y 获取该规范陈述暗示的规范或行动模式。在这里，教的成功暗示了一种规范习得，此前用事实陈述来填充的情况就不需要。对于 X 来说，成功教会 Y "诚实是上策"，暗示了一些 X 成功教会 Y "哥伦布发现了美洲"并不要求的东西；它暗示 Y 获取了所填入规范陈述指示的规范或行动模式。现在，人们可以通过观察 Y 的行为是否符合所讨论的规范，来检验此处的教是否成功；Y 行事不合规，X 的教就不可能是成功的。

这里指出的关于教的成功条件的差异确实有趣（如果把 B 型陈述的填充物由事实陈述改为规范陈述的话），但是如果不与此前讨论的与规范陈述有关的歧义性联系起来看，问题就还不至于如此严重。这种歧义性的来源在于，对于应用规范陈述的"学习"语境，既有可能采取非效用解释，也有可能采取效用解释。对于一个给定的 B 型陈述来说，在对成功的教所需之学习做非效用解释时，不需要 Y 获取 B 填充物表达的规范。这样的非效用解释，实际上把给定的 B 型陈述与那些填入的事实陈述等同了起来，后者自然不能采取效用解释。因此，就

B 型语境中的规范陈述来说，最严重的问题是使 B 型语境因为涉及成功的教而带上歧义。这种歧义对于道德教育以及知识、行为关系的处理至关重要①，因此需要特别关注包含规范陈述的 B 型语境，并用心解决这些语境中的歧义问题。那么，这种歧义的危险是什么呢？

如果不能化解这样的歧义，就会助长某种特殊的谬误，在实务和理论两个方面带来破坏性后果。（为了简洁起见，在针对规范陈述采取效用解释时，可以假定整个 B 型陈述也可以接受效用解释。因为，Y 的规范获取，既是 X 力争实现的目标，也与教的成功密不可分。同样，在对 B 型陈述中的规范陈述做非效用解释时，以及当填入 B 型陈述的是事实陈述时，我们可以认为整个 B 型陈述可以接受非效用解释。）现在，设想某个带有规范陈述成分的 B 型陈述，人人都同意其中的教在非效用解释下是成功的。（我们收集了公认的成功证据，这些证据被认为足以证成带有事实陈述成分的 B 型陈述。也就是说，我们在控制条件下询问 Y，提出各种陈述让他判断，让他表达与所述成分有关的推论等。但是，我们

---

① 对相关要点的讨论可参阅：Roland J. On "Knowing how" and "Knowing that" [J]. The Philosophical Review, 1958, 67：379.

没有从规范获取的角度来核验 Y 的行为。）不过，就此推断我们已经在效用解释的意义上表明了 B 型陈述的成功，即表明 Y 已经获取了其中的规范陈述成分所指的规范，这仍然是一个谬误。Y 可能的确获取了那项规范，但是不能因为 Y 满足了一套完全不同类型的成功标准，就做出这种假设。

该谬误是由 B 型陈述的歧义导致的，这可能是道德教育中"口惠主义"的一个来源。这派主张认为，道德品格发展上的成功乃是成功教会伦理公式（非效用解释的）的必然产物。当 X 反思自己教 Y 的目标时，如果不能区分让 Y 获取某种规范或行动模式与让 Y 以类似于学习某个历史事实的方式来学习规则，就会导致类似的谬误。简言之，如果 X 不清楚 Y 的行为是否违规，这就会是 X 要努力消除的状况。

这里讨论的歧义可能与一个古老的哲学问题有关，即美德是否可教。在解读者看来，苏格拉底认为没有人会愿意且充分知情地选择为恶、拒绝行善。[1] 如果某人

---

① 比如可参阅：Frankena W K. Toward a philosophy of moral education [J]. Harvard Educational Review, 1958, 28: 300. 尤其是第一部分。

知道什么是善，他就不可能不选择善。因此，美德可教。我们只要成功教会人们知晓什么是善，美德行为就得到了保证。与这种观点相对，其余大多数哲学家认为，人们常常拒绝自己认为是善的东西，故意为恶。西方宗教同样认为，对于美德来说仅仅有知识还不够，美德还要求健全的意志。人凭借其自由有可能故意犯罪，他完全知道自己选择的是恶。因此，道德教学还不充分，它只能发展人的理解力；人们还需要锤炼意志，还需要保有良心。

根据此前的分析，刚刚提出的问题似乎并不像人们以为的那样根本。如果我们拿"X 教 Y 诚实是上策"与"X 教 Y 哥伦布发现了美洲"相比，就是在对前者做非效用解释。这意味着，即使 Y 有时未能在行为中获取诚实的规则，这种教也被认为是成功的；Y 获取行为规范，与 Y 所受道德教育的成功与否并不相干。这就是说，成功的道德教学并不确保道德行为。

另一方面，对于歧义陈述"X 教 Y 诚实是上策"，如果我们给出的是一个效用解释，从而把该陈述与"X 教 Y 哥伦布发现了美洲"区分开来，那么除非 Y 获取了诚实的规则，否则所指示的教就不能被认为是成功的。

这意味着，如果道德教学取得了成功，那么学生就在自己的行为当中实际上获取了诚实的规则。这就是说，道德教学的成功可以自动保障道德行为。

然而，由于上述观点的对立乃是基于对一个包含歧义的观念的不同解释，因此假设二者确实存在冲突就同样是一个错误。每个观点都认可对方认可的那些案例，只不过是在以不同的方式描述它们罢了。然而，不同的表达方式未必就意味着不一致。关键案例是，学生 Y 在非效用意义上被成功教会诚实是上策，但是随后又做出与诚实规则不兼容的事。我们已有的各种观点，对于这种情况的看法并没有什么不同。每种观点都保留了空间，允许这种情况的发生。不过，一种观点会说，Y 已经被成功教会诚实是上策，但是 Y 还不能按规则行事；另一种观点会说，尽管 Y 确实未按规则行事，但是他也没有被成功教会这条规则。用更传统的话来说，两种观点都允许在行为上拒绝的同时，在理智上理解、在口头上认可那些道德原则。区别在于，一种观点将这种情况描述为教的失利，另一种观点则将其描述为意志上的落败。

如果前面的分析正确无误，并且这些观点对于实际案例的描述不存在冲突，那么基于这些案例的一个观点就不会比另一个观点更优越。任何一种观点，只要前后一致，就都可以提供一种描述事实的准确方式。唯一值得重视的问题是半途从一个观点转向另一个观点。现在，让我们来说明这种转变的后果。

比如，我们一开始就认为，获取道德行为对于道德教学的成功来说不可或缺。也就是说，我们决定对所有包含规范陈述的"教某人某事"采取效用解释。随后我们决定，要在学校里教学生认识诚实是上策，以此来让他们获取一定的行为规则。于是，我们可能会采用劝告和讨论的办法，培养服从规则的恰当行为。在教完以后，我们发现很难确定自己是不是取得了成功。这是因为，为了得到这一判断，我们需要确定在可能与诚实规则有关的情况下学生一般会怎么做。出于这样的困难，我们会倾向于放弃对"教"的相关陈述做效用解释。这样我们就可以对"诚实是上策"和"哥伦布发现了美洲"做同样的检验，把它们都当成学生知识储备的一个单元。基于这种倾向，我们进而会用提问等口头手段，来确定在"教"的非效用解释下自己确实已经取得了成功。然后，我们多少会不自觉地转回效用解释，在没有进一步证据的情况下，开始声称自己确实塑造甚至保障了诚实的行为。毕竟，一个成功被教会什么是善的人，又怎么愿意拒绝这种善呢？我们忽略了，这个问题在言辞上的显而易见，正是效用解释的产物，而后者从一开始就包含适当的行为。这种做法的实际危险在于，没有对口头劝告与道德行为有效发展的检验做出区分。

现在，让我们回到 A 型陈述和 B 型陈述的进一步比较上来。我们此前已经注意到，X 成功告诉 Y 某事（A），并不要求 Y 学会某事；X 在教 Y 某事（B）上取得成功，则要求 Y 学会某事。举例来说，X 可能成功告诉 Y 哥伦布发现了美洲，而未能成功教会 Y 哥伦布发现了美洲。这个事实可以简单表达为 A 不蕴含 B[①]。（当然，在比较两种句式时，各自的填充物得相同。两个"X"被假定为同一个人，两个"Y"也被假定为同一个人。）

可是，B 是否蕴含 A 呢？如果 X 成功教会 Y 哥伦布

---

① "imply" 在此被译作"蕴含"。谢弗勒在类似的地方，是在用逻辑表达式简化表达，且讨论的主题是不同命题之间的真值传递关系。——译者注

发现了美洲，我们能不能就此推断 X 成功告诉 Y 哥伦布
发现了美洲？许多人都持有这样的看法。在他们看来，
Y 学会的内容，有很大一部分是由教师借助告诉这样的
活动，在 Y 脑海中留下的事实或观念。在这里，事实学
习被构想为学生复制教师输出的观念或陈述的一种
方式。[①]

尽管许多教的场景确实涉及告诉，但是一般来说由
B（X 教 Y 某事）到 A（X 告诉 Y 某事）的推论并不成
立。比如，假设教师没有告诉学生哥伦布发现了美洲，
但是教师告诉了学生另外一些事，让学生可以借助被认
为已知的别的陈述来推断出这一点。又比如，假设教师
没有告诉学生所有这些，而只是安排学生阅读文本，这
些文本与哥伦布发现美洲一事有关或者足以提示此事。
最后，假设学生面对的陈述，只是提示而没有明确指出
哥伦布发现美洲一事。在每一种假想的情况下，我们是
不是都要否认教师成功教会学生哥伦布发现了美洲呢？
显然，实际中存在许多这样的情况，教师从未告诉学生
那个被教会的内容，但是我们仍然把一切归因于这位教

① 此处可参阅：Price K. On "having an education" [J]. Harvard
Educational Review, 1958, 28: 320.

师在教方面的成功。因此，不能认为 B 蕴含 A。说 X 告诉过 Y 某事，大致上是在描述 X 实际上说了什么；这是以间接引用的方式，报告 X 说了什么。但是，说 X 教会 Y 某事，就不是以间接方式报告 X 的话。

我们已经注意到，A（X 告诉 Y 某事）并不蕴含 B（X 教 Y 某事）。简单来说，这是因为 B 要求完成学习，而 A 不需要。这个事实的意义在于，有时候学没有发生，因此成功的教也没有发生，但是成功的告诉已经发生了。然而，不应该认为，只要学习和成功的告诉都发生了，成功的教也就会随之发生。以下反例进一步说明了为什么 A 不蕴含 B。我们假设，在 6 月 3 日这一天，琼斯来到了候诊室。过了一会儿，护士出来告诉他，医生认为当天的治疗计划最好取消。我们假设，护士已经成功告诉了琼斯这一点。我们进一步假设，琼斯不仅听到了这条消息，而且确实学习了这条消息，并且此后二十年都一直记得这条信息。（可以设想，这种学习在琼斯的心理方面有某种深层的理由。）我们很可能会说，护士告诉琼斯，医生认为 6 月 3 日的治疗计划最好取消。但是，我们不太可能说，护士教会琼斯，医生认为 6 月 3 日的治疗计划最好取消。尽管这里确实发生了学习，但是护士并没有要促成这种学习。事实上，护士当时只是告诉了琼斯一些预定的信息，目的是让琼斯离开医院。实际发生的学习不是教取得成功的标志，因为这里并没有发生通常所理解的教。（不过，一项普遍有效的重要事实是，X 说的话即使无意于引起 Y 的学习，实际上也有可能导致 Y 的学习。）

经过如此漫长的讨论，如果我们转回头来考虑 C（X 告诉 Y 去做某事）和 D（X 教 Y 去做某事）模型，就可以发现与 A（X 告诉 Y 某事）和 B（X 教 Y 某事）相比的一些重要的相似与不同了。就 C 和 D 的蕴含关系而言，它们与 A 和 B 之间的关系相同，即两个方向的蕴含关系都不成立。因此，某人可以成功告诉对方要诚实，但不需要对方真的学会诚实；可是，除非对方学会保持诚实，否则就不可能真的成功教会某人诚实。所以，在未能学会诚实的情况下，成功的告诉仍有可能发生，但是成功的教就不会出现。这就是说，C 并不蕴含 D。此外，还存在孩子们被成功教会诚实，但是没有被告诉过要保持诚实的情况。类似的情况是，孩子们被教会要周到、要乐于助人或者与人为善，但是从未被告诉过要周到、要乐于助人或者与人为善。如果这些案例还有争议，那么人们肯定会同意这样的案例：有人被教会去欣赏音乐，但是从未被告诉要去欣赏音乐。只要有任何一个类似的案例得到认可，就足以证明 D 并不蕴含 C 了。

现在，我们能否针对 C 和 D，构造一个与琼斯取消治疗相似的案例，以此来展示为了某个当下的、并非学习的意图而告诉某事，可以如何在不涉及教的前提下实现琼斯的学习呢？这一尝试揭示了与 A 和 B 模型相比的一些有趣差异。

想象琼斯在牙医的候诊室候诊，此时护士过来，成功告诉他进诊室。尽管护士的告诉成功了，但是我们恐怕不会说护士教会了琼斯。与之前的案例不同，我们也不能假设琼斯学会了进入诊室。说琼斯学会了进入诊室，通常意味着更多同类场合，也就是说它暗示了某些隐含"每当"的从句。但是，我们设想的这个案例，在用词上排除了这种含义。护士在说话时告诉琼斯进诊室，并未附加任何通用性的"每当"从句。琼斯要么服从要么不服从，但是琼斯无论如何都不是在那个特定的场合学会进诊室。（相应地，也不能说琼斯在那个特定场合被教会了进诊室。）"学会去做某事"（learning to）

和"教会去做某事"（teaching to）的陈述，通常要求某种关于行动时机的通用性。这既不适用于"学会某事"（learning that）、"教会某事"（teaching that）的陈述，也不适用于"告诉"。

关于这种通用性上的要求，可能有必要提供进一步的案例。以下各个案例都不太可能包括隐含的"每当"从句，因此也就排除了这里讨论的这种通用性。尽管"告诉去做某事"（telling to）仍然可以套用"每当"从句，但是"学会做某事"和"教会做某事"并不适用①。先来看这一句："她告诉他打开窗户，因为房间足够暖和了。"她告诉的重点是当下的温度。她不是告诉他，每当房间变暖就要打开窗户，也不是告诉他总要打开窗户。相反，她是想让他现在就打开窗户。在这里，他有可能开窗也有可能不开窗，但是我们不会说"每当房间足够暖和时，他学会（在某时某处）打开窗户"，我们也不会说"每当房间足够暖和时，她教会他打开窗户"。

---

① "告诉去做某事"，此类陈述可以加入"每当"从句。比如，可以说："告诉孩子（每当饭后）去漱口。"与此不同，"学会去做某事"和"教会去做某事"无法加入"每当"从句。比如，我们不会说："孩子（每当饭后）去学会漱口""我（每当饭后）去教会孩子漱口"。——译者注

最后，让我们来考虑下面这个案例：因为要离开朋友们去办点事，"他告诉他们等十五分钟"。但是，他并不知道自己会不会超过十五分钟，以至于耽误大家的行程。于是，他告诉朋友们只等自己十五分钟，如果到时他还没有回来就不要等了。在这种情况下，同样看不出"每当"从句可以怎么用。他并不是在告诉朋友们（每当某种时机出现时）总要等十五分钟，或在特定情况下总要这样做。他只想朋友们这次等上十五分钟。无论朋友们最终做了什么，我们都不能说，"他们学会在那个时机等十五分钟"，或者"他教会他们等十五分钟"。

在这些案例中，"告诉"非常适用，但"学会做某事"和"教会做某事"就并非如此了。说 X 告诉 Y 去做某事（此前在讨论"告诉某人某事"时已经提到过），是以间接引语的方式报告 X 的话；无论 X 说了什么，这种对于内容的间接报告，在一般或具体意义上都是可行的。然而，说 X 教 Y 做某事，或说 Y 学会做某事，与报告 X 说了什么并不相同，它们报告的是 Y 在多个场合的"行动模式"。这是在说，如果学习没有失效，就可以对别种场合下的 Y 有所预期。如果 Y 学会在女士进入房间时起身，那么他就会被期望在那些情况下站起来（除非他以某种可具体说明的方式丧失了这种学习）。因此，"学会做某事"和"教会做某事"的陈述，其通用性在 B 型陈述和"学会某事"的陈述中没有直接对应的东西。后者的填充物，并不总是预期 Y 可能会做的事。比如，"Y 学会哥伦布发现了美洲"，根本不意味着可以预期 Y 会发现美洲。因此，对于这种发现的条件，我们并没有得到什么通用的说明。

因此，很容易构造一个类似琼斯取消治疗的案例。在这个案例当中，尽管填充词非常具体，而且这里的告诉只是为了达成单个场合的某个特定意图，但是"学会某事"的情况仍然发生了。当我们试图为"学会做某事"寻找类似的案例时，我们发现自己被此前讨论的通用性要求挡住了去路。可是，我们能找到与取消治疗类似的其他案例吗？也就是说，我们先满足对通用性的要求，从而可以说琼斯学会了做某事。随后，我们再来寻找这样一个情境，琼斯在其中被告诉了同样的事情，对方却无意让琼斯获取这种学习。这样，我们就在没有教的情况下实现了学。简单来说，这就是我们想要的类比。

困难在于要同时满足所有这些要求。我们在满足通用性要求的同时（比如：琼斯学会，每当红灯亮起时，就进入医生的诊室），还要假设护士虽然告诉了琼斯，但却无意让琼斯学会每当红灯亮起时就进入诊室。可是，如果护士告诉了琼斯，那么大概就是希望琼斯能够遵循指示，而遵循指示正是在特定场合下学会做某事。如果这个论证准确无误，那就根本没有办法为 C（X 告诉 Y 去做某事）和 D（X 教 Y 去做某事）构造相应的案例了。在刚才的案例中，我们可以合理地说，琼斯被护士教会了，每当门上的红灯亮起时，就进入医生的诊室。这进一步表明了上述论证的合理性。

这样，我们就发现了关于 C 和 D 的一些重要事实，这与所谓"通用要求"尤其相关。在语法形式上，C 和 D 的填充物都是祈使句；然而，这些祈使句在其通用性程度上有所不同。"在这儿等十五分钟！"要求在言说的当下采取某种行动，这种行动可能出现也可能不出现。但是，除非有某种在可重复情境下的一般"行动模式"出现，否则就不涉及学；而在不涉及学的情况下（即使是理论上的不涉及），也就同样不涉及教了。因此，C 与学无关，无论是作为目标还是作为成功条件，都可以在其空白处填入通用或非通用指令。D 明确涉及学，无论是作为目标还是作为成功条件，它都只接受通用指令作为填充物。当然，通用性可能并未明确给出，而只是可以那样去解读。因此，在"X 教会 Y 保持诚实"当中，指令会被解读为具有通用性。这个陈述实际上转换成了"始终要诚实"。在其他情况下，语境可能会表明，陈述涉及的是虽不全面但仍然通用的要求。比如，"他妈妈教会他说'谢谢'"，最好被解释为："他妈妈教会他，每次得到什么东西，都要说'谢谢'。"

根据上述各案例的说明，可以说教（以及教会做某事）包含规则[1]，而不只是具体的指令。因为在语法上都可以采取祈使句的形式，结果就把二者混淆起来，这是一个错误。具体指令限于单一情境。虽然教师也可能在执教期间发出此类指令，但是教师的目标不只是确保在言说的当下得到服从。教师希望学生获取"行动模式"，这会持续下去、超出教的区间范围。在稳定性方面，这些"行动模式"会让一系列具体和连续的指令变

---

① 关于教的规则，可参阅以下不同处理：Hare R M. The language of morals［M］. Oxford：Oxford University Press，1952：56，reprinted in Scheffler I. Philosophy and education［M］. Boston：Allyn and Bacon, Inc.，1958.

得多余，尽管那也是可以想象的。这样的"行动模式"
与遵守具体指令之间、这些"行动模式"的发展与具体
指令的发布之间，存在天渊之别。

在比较 B 是否蕴含 A、D 是否蕴含 C 以后，我们现
在转向对两个有关"教"的模型 B（教某人某事）和 D
（教某人做某事）的交叉比较。B 显然不蕴含 D，D 显然
也不蕴含 B，因为 B 允许的填充物范围与 D 允许的填充
物范围不同。这是一项语法方面的事实。当我们从 B 过
渡到 D，并且保留 B 的填充物时，"X 教 Y 哥伦布发现了
美洲"就变成了"X 教 Y 去发现美洲"。另一方面，在
从 D 过渡到 B 并且保持 D 的填充物时，"X 教 Y 始终保
持礼貌"就变成了"X 教 Y 始终保持礼貌一事"。其中
的第二项陈述于理不通。而且，即使把"X 教某人某
事"改为"X 成功教会某人某事"，也仍然不正确。二
者中的前一项没有什么错，而且往往为真。把这其中的
"X 教某人某事"改为"X 成功教会某人某事"，其结果
也同样多可为真。大致来看，在 B 和 D 当中，一方的成
功并不意味着另一方的成功。（和此前一样，此时 B、D
的填充物同样保持不变。）A 和 C 的情况，同样如此。

尽管如此，这里的交叉比较还是有值得注意的地方。我们已经看到，包含规范陈述元素的 B 型陈述存在歧义；对于此类陈述的效用解释表明，B 型陈述指称的教的成功，意味着适当类型的规范习得。在某些情况下，这种规范习得由 D 型陈述来表达。比如，对于"X 教 Y 人应该保持诚实"的效用解释来说，教的成功要求 Y 获取规范，即 Y 学会了诚实。在这种情况下，我们可以放心地说，"教 Y 人应该保持诚实"蕴含了"教 Y 保持诚实"。这里的蕴含关系，不是我们此前讨论过的那种，因为空白处的填充物不同了。进而，此种蕴含关系适用的 B 型陈述的范围也缺乏准确说明，我们此前还没有触及这个问题。提及这种蕴含关系，原因是考虑其对于道德教育的影响。为此，我们只要考虑上文选定的那些案例就可以了，比如"X 教 Y 人应该偿还债务一事"，蕴含了"X 教 Y 去偿还自己的债务"。

道德教育关心的问题是，这些案例中的反向蕴含关系能否成立？"教 Y 保持诚实"，是否暗示"教 Y 人应该保持诚实一事"？"教 Y 去偿还自己的债务"，是否暗示"教 Y 人应该偿还债务一事"？（在这两种情况下，我们当然要对"教某人某事"的从句做效用解释。）如果成

功教会 *Y* "保持诚实"，那么有没有可能 *Y* 没有学会
"人应该保持诚实一事"？即，*Y* 能否在学会保持诚实行
动的同时，没有学会人应该诚实？他能否学会偿还债
务，同时又没有学会人应该偿还债务？后两者是关键，
略加思考就可以得出肯定的答复。事实上，有些人也许
学会了诚实，但同时又从未学过人应该诚实，他们甚至
从未相信或质疑过这一点。有些人学会了偿还自己的债
务，但是从未相信过人应该偿还债务。

　　学会诚实意味着获取一种规范、一种"行动模式"。
这并不包含信念。在这里，信念这个词本身甚至都不适
用。可以说一个人学会了诚实，但是不能说一个人相信
了要去保持诚实。[①] 相比之下，学会哥伦布发现了美洲
（无论涉及什么别的因素），则是去相信哥伦布确实发现
了美洲。同样，学会一个人应该诚实，是去相信一个人
应该诚实（无论这个案例涉及什么别的因素，至少都会
包含规范获取）。因此，教某人应该诚实就不只是教他
诚实（即使是在应用效用解释的情况下），而且是试图
让他获取相信一个人应该诚实的信念（以适用于教的行

---

　　① 可参阅：Scheffler I. Comment ［J］. Harvard Educational Review, 1958, 28：337.

为方式来获取）。因此，与 D 型陈述相比，可以说 B 型
陈述不仅指向规范获取，而且指向了对于规范的某种信
念，包括对于规范权威性的某种理智认可。因此，教 Y
人应该诚实不只是要让 Y 诚实，它还试图让 Y 出于信念
来保持诚实。

在这里讨论的区别对于道德教育特别重要。有一些
类型的行为或"行动模式"，我们希望学生能够习得，
但是对于他们出于什么理由，甚至他们是否出于任何理
由，我们都不会特别关心。比如，基本的礼节就是如
此。有些行为我们会毫不犹豫地援引自利证据，比如安
全措施、职业准备。另一方面，道德行为在某种重要的
意义上，并不只是按照某个单独指定的规范来行事，也
不只是由任何支持该规范的理由来支配的行为。道德行
为的理由，在某种意义上必须是"客观""公正"或者
"无私"的。众所周知，其中的意味难以描述。但是，
这个特点体现在道德判断的通用且非个人化的语言当中
（比如，"应该"），这种语言通常用来表达某些理由，
而非其余。或许可以这么说，一个人道德行为背后的原

理，应该是可以用道德判断式的语言表达出来的。①

用一个案例或许就足以说明这一点了。三个人可能都学会了诚实，但是第一个人可能是无反思的诚实，因为他是在一个保护性环境中长大的，这个环境从未允许出现不诚实的行为；第二个人的诚实可能是因为他相信诚实对于职业发展至关重要，或者是因为他发现不诚实在情感上让人难以承受；第三个人的诚实可能是因为他相信一个人应该保持诚实。前两个人的行为符合诚实的规范，但是在我们这里考虑的意义上，他们的行为很难说是道德行为或不道德行为。

如果道德行为是道德教育的目标，我们努力的方向就不仅仅是获取某种规范，而是以一种"客观""公正"的方式为这种规范提供反思性的支持。在教诚实时，如果把它当作一种安全守则或者一种日常礼节，就可能有效达成第一个目标，但是完全不利于第二个目标的实现。另一方面，不能否认的是，努力达成第二个目标，也可能会延迟甚至阻碍第一个目标的实现。（鼓励对规

---

① 关于这些以及相关问题的处理，得益于下面这篇重要的论文：Frankena W K. Toward a philosophy of moral education [J]. Harvard Educational Review, 1958, 28: 300.

范进行反思和公正的评判，可能会导致对这条规范的拒绝。）作为教师，我们会对第一个目标关注的规范进行第二个目标鼓励的反思性审视，以此来推动这两个目标的实现。

我们此前已经确定，C 和 D 要以祈使句作为填充物，并且 C 是对某人言语的间接报告。我们还注意到，D 并不蕴含 C，即一个人可能已经成功被教会要保持诚实，但是又不必被明确告诉要保持诚实；一个人可能已经成功被教会欣赏音乐，可是又不必被明确告诉要欣赏音乐。现在我们要注意，C 包含的某些祈使句，暗示 X 的指令不合理；这些祈使句如果用在 D 当中，就不会暗示这种不合理。

比如，在某种重要的意义上，告诉某人去欣赏音乐、爱好莎士比亚、理解穷人的处境都是"不合理的"，因为这类告诉要求的内容，通常不是人们下定决心就可以办得到的事。[①] 然而，如果有人真对 Y 说"欣赏音乐""爱好莎士比亚"或"理解穷人的处境"，那么他的话就

---

① 是否"爱好莎士比亚"，不是一个人下定决心、付出努力就一定可以办得到的。——译者注

可以通过 C 来报告。"X 告诉 Y 去理解穷人的处境"，这个 C 型陈述可以接受，它仅仅报告了 X 的指令。但是，即使相信 C，我们也还是会认为 X 发出这样的指令本身就不合理。

相应的 D 型陈述，就不会暗示任何这样的不合理性。（比较一下 "X 教 Y 欣赏音乐" "X 教 Y 爱好莎士比亚" "X 教 Y 理解穷人的处境"。）我们或许可以说，这样的案例加强了从 D 到 C 的非蕴含关系。这不只因为某些成功的教（比如 D 所报告的）不是成功的告诉（比如 C 的报告），而且因为这些成功的教恰恰可以表明 X 的"告诉"不合理。有些人成功被教会欣赏巴赫，而实际上他们从未被告诉要欣赏巴赫。不仅如此，如果他们确实被这么告诉过，那么告诉他们这一点的人也会被认为其行为是不合理的。

通过这些案例，至少在 D 和 C 当中，教与告诉的独立性得到了强调。教某人去欣赏巴赫、去理解量子理论、去享受芭蕾舞、去同情被压迫者，与告诉这个人去这么做完全不同。这个人可能确实被告诉过，但是这种告诉会被认为是不合理的，而相应的教不会有这样的担忧。实际上，这里所指的教，通常不会通过发布类似指令的方式来进行，而是通过其他多种多样的方式，让欣赏、享受和理解等得以实现和发展。

我们刚刚讨论了被认为不合理的指令，它们在要求人做一些并非下定决心就可以办得到的事。还有一种较弱的、相对意义上的不合理，这种不合理并非我们已经讨论过的那种强烈或绝对意义上的不合理。此外，这种相对不合理，在教的情境当中更为重要。假设作为教师的你给了男孩一组小学算术题，并说："做这些！"我们不能说，你在要求他做一些他不会自主选择的事。很可能这个男孩没有必要的算术背景，比如当老师在讲解题方法时，他可能恰好生病了并且此后再也没有学会如何解这些题。他肯定不会自主选择你要他做的事。也可以想象这样一个不是特别不合理的指令，这是针对一个没有学过希腊语的学生来说的："把你面前的文章译成希腊语！"这个学生不会自主选择去做这项指令要求他做的事。这两个案例中的指令，就它们针对的人和所在的时间而言都不合理。

时间的相对性很重要，因为通过适当的学习，这个男孩有可能在今后有能力解决这些问题；之前无法把文章译成希腊语的学生，也有可能在今后有能力完成这项任务。因此，那些并非强烈或绝对不合理的指令，在特定的时刻、对于特定的学生来说，也仍然有可能是不合理的。这种相对不合理性，至少有可能部分取决于此前的教的性质。当适当的教取得了成功，就可以让大量此前对学生来说不合理的指令变得合理。我们之前已经看到，对于作为 D 型陈述组成部分的强烈的不合理指令，教通常会以不同于告诉的方式来处理。现在看来，即使不是强烈的不合理指令，在特定情况下也仍有可能不合理。在这些情况下，适当的预备性的教（教学生如何做），有可能让这些指令在随后变得合理。这里的告诉（告诉学生去做什么）不是教（教学生如何做）的方式，而是教的产物。（当然，通过之前的教而变得合理的告诉，反过来也有可能成为帮助教新内容或巩固旧内容的一种方式。）

在刚刚结束的讨论当中，我们已经看到能够自主决定去做指令要求的行为的重要性。更进一步，这种能力在某些情况下，至少部分依赖于学会如何完成所要求的行为。这样，教某人如何做某事的 F 型陈述（X 教 Y 如何做某事）与 C 型陈述（X 告诉 Y 去做某事）就联系起来了，因为 F 报告的成功教某人如何做某事可能使 C 报告的某些告诉变得合理。反过来，告诉某人做某事，也有可能是教某人做某事的方式。但是，正如我们看到的那样，C 并不蕴含 D（*X* 教 *Y* 去做某事）。现在，我们必须对 F 与其他模型的陈述做系统比较，尤其是 D。

容易看到，尽管在复杂技能的学习当中，E（*X* 告诉 *Y* 如何做某事）对于 F（*X* 教 *Y* 如何做某事）来说越来越必要，但是 E 并不蕴含 F，反过来 F 也不蕴含 E。更明显的是，B（*X* 教 *Y* 某事）不蕴含 F，F 也不蕴含 B，因为 F 的填充物是祈使句，而 B 的填充物是陈述句。在这里，重要的对比是 F 与 D。考虑到二者经常会被混淆，下面我们就来做详细的考察。

我们一开始就要认识到，D 通常会被当作 F 的缩写。教某人做算术题，通常就是教他如何做算术题；教某人游泳，通常就是教他如何游泳。我们不关心这一类可缩写的情况，因此下文在提及 D 型陈述时，我们指的就是那些不能等效于相应 F 的 D。

也许有人会说，根本不存在这类陈述。可是，想一想"*X* 教 *Y* 偿还债务"这个陈述吧。这个陈述通常不可以替换为"*X* 教 *Y* 如何偿还债务"。前一句可能指的是品格训练，后一句则可能指的是指导人如何正确使用支票簿、汇款单这一类东西。对这个案例的考察还可以表明，虽然"教某人如何做某事"对于"教某人做某事"来说通常有必要，但是仅仅这一点显然还不够。许多人在正确使用支票簿以及类似的债务工具方面十分娴熟，但是他们仍然不偿还债务，没有获取偿还债务的规范。因此，F 不蕴含 D，D 也不蕴含 F。因为，即使了解如何偿还债务对于偿还债务来说确有必要，教 Y 偿还债务也并不总是包括教 Y 如何偿还债务，Y 可能已经知道如何操作了。

我们已经说过，F 和 D 不同。为方便起见，我们可以大致说，D 关注的是规范和规范的获取，而 F 更关注技能和技能的获取。在讨论课程问题时，我们常常会混淆这两者。比如，我们会谈"公民资质"，好像它是一套技能，而我们的教育目标实际上不仅仅是教学生如何成为好公民，更强调学生要成为好公民；不仅仅是如何完成投票，而且是要去投票。我们会谈到发展学生"民主生活所需的技能"，而实际上我们关心的是让学生获取民主的习惯、规范、倾向。再举一例，我们会谈到发展学生"评判性思考的能力"，此时我们真正想要的是让他们获取评判性思考的习惯和规范。

把规范获取与技能获取混淆起来，其中的一个动机或许是因为，在某个重要的意义上，技能是道德中立的，而规范不是；技能运用需要额外的决策作为辅助，规范则表征了决策模式本身。扩大技能的范畴，实际上是在缩小教师道德责任的范围。然而，这种责任不能通过改变名目的方式来逃避，它只可能是被隐藏起来了。习惯、规范和倾向的灌输，贯穿于所有已知的教育实践，因此这类实践不仅仅是技能方面的问题。与赖尔的那句名言相反，教不仅仅是刻意的装备。①

刚才的案例说明了这些模型在澄清课程讨论时的实

---

① Ryle G. The concept of mind［M］. London：Hutchinson's University Library，1949：310, reprinted in Scheffler I. Philosophy and education［M］. Boston：Allyn and Bacon, Inc. , 1958：133.

我因而认为，问题的关键不在于是否灌输规范，而是应该灌输什么规范，以及采取何种方式灌输规范。比如，这些规范是狭隘的还是开放的？是威权的还是民主的？这些规范是由我们的教育机构以专断的方式来注入，还是在相关教学的关键点上做出说明，交由学生自己独立判断？

此处可参阅：Perry R B. Education and the science of education［M］// Realms of value. Cambridge：Harvard University Press，1954, reprinted in Scheffler I. Philosophy and education［M］. Boston：Allyn and Bacon, Inc. , 1958：15.

际用途。还有其他一些这样的用途，要在这里做进一步的说明。所有这些都要把抽象的课程讨论转译成我们这些模型代表的一个或另一个具体形式。我们可以从赖尔对技能概念的去智能化开始，他否认熟练表现受制于对规则或信息的明确参考。① 知道如何游泳，不是去记住大量游泳信息和游泳规则，然后在游泳过程中反复查询。信息和规则可能有助于启动技能学习，但是技能运用不应该与持续援引信息和规则等同起来。简言之，知道如何做与知道某事是不同的。这样表达就很容易看出，赖尔是在 B 和 F 之间做了区分。有了这些模型，并且把我们对教和课程的讨论转译为它们代表的具体形式，可以让我们更容易避免赖尔所攻击的那种错误。

在讨论课程目标时，用某个抽象名词来标记整个领域，没有什么是比这个做法更简单而又更令人感到困惑的了。把这种抽象讨论转译为各种具体模型的形式，往往可以暴露出此前隐藏的那些课程选择问题。比如，我们经常把"科学"作为课程的一个元素，进而讨论该元

---

① Ryle G. The concept of mind［M］. London：Hutchinson's University Library，1949：Chapter Ⅱ，reprinted in Scheffcer I. Philosophy and Education［M］. Boston：Allyn and Bacon，Inc.，1958：92.

素的角色和相对重要性。假设我们必须把自己的这个观念转译为 B、F 以及 D，那么我们就不得不澄清自己在该元素上的目标。我们要教的是科学即如此这般，也就是科学是告诉我们关于世界的这样那样的事实吗？我们更主要的是不是在试图教学生如何进行科学思考？又或者，我们真要教学生在思考和解决问题时保持科学吗？当然，这里并不暗示只有唯一肯定的回答。重点在于，这些模型迫使我们提出了这样的问题，并间接迫使我们进行价值排序以及选择回答问题时所需的技术。

举一个相关的案例，"宗教"经常被视为一个课程元素。围绕这个元素的地位，有激烈的政策辩论。但是，"宗教教育"的含义是包含歧义的。根据 B（带有事实陈述的成分），我们会把这句话理解为 X 教 Y 宗教乃是如此这般，大致上此类宗教教育就是提供信息，把宗教作为一套历史制度、学说和态度。如果根据 D 来理解，我们会把宗教教育理解为 X 教 Y 信仰宗教，这与前者完全不同。① 很明显，人们可能在其中一种意义上支

① 可参阅：White M. Religion, politics, and the higher learning [J]. Confluence, 1954, 3: 402, reprinted in Scheffler I. Philosophy and education [M]. Boston: Allyn and Bacon, Inc., 1958: 244.

持"宗教教育",而在另一种意义上反对它,两种选择的理由本身是一致的。要清楚了解课程中有关宗教的辩论,需要对"宗教教育"这一短语的内涵做基本的澄清。总之,作为本章讨论基础的这些模型,既是为了在分析教的观念时指明焦点,也是为了在澄清课程的相关讨论中得到实际应用。

结　语

对于前述讨论，我们可以做一点总结，但是对于其中关注的问题，却无法给出最终定论。就像科学研究一样，哲学澄清的任务也是永无止境的。在完成这两类任务后，人们都会立即面临一系列新任务的挑战，要求人们去做进一步的关注。在这里，我们只是记录了已经完成的工作，通过强调其通用框架、将其与有待进一步处理的问题建立联系，来确定当前工作的位置。

在这项研究的第一部分，我们试图分析在教育讨论中反复出现的三类陈述的逻辑效力。我们讨论了各种类型的定义，关注了教育口号，并处理了学校教育中普遍存在的一些教育隐喻。针对每一种情况，我们都为所讨论的陈述发展了通用的模式。比如，我们区分了约定型定义、描述型定义和规划型定义，建议要单独考察口号的字面含义和实务意图，并提出可以通过比较替代隐喻的方式来确定这些隐喻的局限并阐明其共同主题。

在整个讨论过程中，我们强调了语境在确定逻辑评价标准上的重要性。在这些讨论中，我们尤其参考了教育讨论，它横跨了科学、实务以及伦理等多个人类行动的领域。我们据此提醒读者，比如不能无评判地把隐喻从科学语境移植到实务语境。我们强调，在变动的社会环境当中，对于口号的实务要点有可能做不同的道德评价。我们还指出，把科学定义做规划用途，非但不能避免，而且会更迫切地要求对该用法传达的规划做独立的道德评价。

总的来说，我们反复强调了把实务问题、道德问题与其他常与之混淆的问题区分开来的重要性。比如，对于定义的便利或准确与所传达规划的价值，我们就进行了区分。沿着这个思路，我们认为对口号的字面含义以及口号原初学说的评判，还需要补充关于其实务意图以及相关实际动作的评判。

本书第一部分的主要意图，是介绍对教育定义、口号和隐喻进行评判性评价的通用策略，并发展一些有助于这种评价的类型和区分。为了实现这一意图，我们关注了一系列案例。对这些案例的分析，不只是为了它们本身，也是为了深入理解这些类型的逻辑结构。其中的一些显然具有教育上的价值，比如"有机"隐喻和"课程"定义的不同变体。

因此，前三章的工作的确引出了一些具体问题，与相关类型的其他案例有关。这里提出的类型和策略，需要用到这些重要的案例上来；它们应当被视为假设，可以用来指导我们的分析和评判。作为假设，它们不必伪装成最终的结论；在应用到更多实例上时，它们还可以得到进一步的完善和修订。然而，就像其他假设一样，这些假设可以把我们对这些实例的研究组织起来，使我们可以初步掌握自己的材料。因为可以促进对于材料的评判性分析，在这个意义上也可以说实现了自己的意图，尽管它们稍后还会让位于更详细、更精细的分析工具。不过，目前可以借助这些假设来做的，是对在教育讨论中有重要位置的一组定义、口号和隐喻进行深入分析，并把这种分析扩展到其他类型的教育话语中去。这种分析不仅有希望澄清教育政策中紧迫的实务问题，而且可以澄清在教育理论中出现的众多基本断言。

很明显，没有什么现成的方法可以系统地列出这类问题和断言。不过，我们仍然可以提出一些说明性的问题来用于分析：（1）关于学术性学科、课程类型、智力和学业成绩的不同定义；（2）围绕现代教育、反种族隔离、科学研究与人文学科以及学术自由方面的争议，出现的一些口号及其反对者；（3）诸如"领导力阶梯""多轨课程"以及"学习控制"这样的隐喻在教育中的作用（其中，"学习控制"是一个从心理学移植过来的隐喻）。深入分析这类问题，把相关陈述与相关话语以及各自的教育语境联系起来，不仅可以清楚揭示有待决策的实务问题，而且可以评估构成陈述的那些观念的理论价值。

在本研究的第二部分，我们详细探讨了教的观念，讨论了教这种活动的若干基本特征，并将其与教育研究的某些一般特征联系了起来。在这部分的结尾，我们把涉及"教"这个观念的话语区分为三个基本类型，并与"告诉"的观念进行了进一步的比较。在其中，我们特别关注了与道德教育有关的问题。我们的目标不只是阐明通常所谓的"教"，而且提出对于课程讨论做类似的处理，为什么会有利于目标和政策的澄清。

在讨论教时提及的几个要点值得在此做一番回顾，因为这些要点干系甚大。我们强调，教是一个比培养行为或信念模式更为狭窄的观念；教有方式上的限制，要求认可学生的理性。因此，我们提出教这个观念不能轻易兑换，比如兑换为心理学中的"建立有效学习条件"，或者社会科学中的"文化适应""文化传递"。社会科学中的这些观念，在某些科学研究当中可能是合法的。但是，它们混淆了一些方式上的重要区分，而这些区分对于教育政策的道德评估恰恰至关重要。

我们进一步区分了"教"的"成功"用法与"意向"用法，并展示了为什么某些争议部分来源于对该区分的忽视。在"教"的"意向"用法上，我们把"教"解释为一种活动，但是否认它因此就可以做行为主义的解释，从而被理解成某种身体动作模式。我们进而认为，仅仅是身体动作模式还不充分，因此学习如何教不能被理解为掌握某些独特的动作模式。

我们认为，教的成功与否取决于尝试以外的别的因素，但是可以找到一些规则来使这种尝试更为有效。在为教寻求有效科学理论时的这类规则，尽管有用但即使在最佳状态下也还是不周延的。比如，能够改善我们的努力，但是不能确保成功。通过提供适当的规则来改进教学的实践艺术，这是教育研究的一项主要任务。教育研究不是独立的科学，而是相关科学领域的交叉地带。

我们认为，得到科学研究支持的程度，是决定"教"的专业地位的一项重要因素。决定这类研究的持续发展及其在教的实务中的应用的，不是相关科学的独立发展，而是持续把这些科学应用到实务当中的意愿。我们还提出，这种应用也要认可教师和研究者的不同取向，以及对各自不同目标的相互理解。

对于教和告诉的比较，让我们可以对二者做出区分，尽管在实务工作上它们是密切关联的。我们提出，包含"教"的话语，可能包含"教某人某事""教某人去做某事"以及"教某人如何做某事"。在"教某人某事"的陈述中，包含表达规范的元素，比如"人应该偿还债务"。我们强调，对于这类元素的效用解释或非效用解释包含某种特定的歧义。这取决于教的成功是否要求学习者的行为合规。我们提出，这种歧义在道德教育领域是危险的，因为它助长了口头规劝与道德品质有效发展之间的混淆。

我们发现，"教某人去做某事"涉及通用性，对于这一点"告诉"就没有要求，尽管二者在形式上都要用到祈使句。因此，这样的祈使句不能被宽泛理解为具体的指令或要求。"告诉某人去做某事"可能包含的指令要求的是立即服从，而"教某人去做某事"却旨在发展稳定和泛化的行动模式。

不过，这样的行动模式并不是道德教育的全部。我们认为，学会诚实并不总是意味着学会一个人应该诚实，并不总是意味着获取某种道德信念，以及出于道德信念而去诚实行事。这里的区分对于道德教育至关重要，这方面的忽视将会导致某种混淆。比如，把教人诚实一事与教人安全守则或传统礼仪相混淆。接受这一区分，会立即遇到一些教育上的难题，即在发展某些行动模式的同时，如何对这些模式进行公正的反思。

在讨论祈使句时，我们认为某些祈使句显得非常不合理，因为所要求的是无法通过刻意努力来办到的事；另外一些祈使句的不合理程度较弱，因为所要求的是某人当下无法决定做还是不做的事。这种弱意义上的不合理或相对不合理，可能是出于此前在教方面的缺失；当"教某人如何做某事"有效时，就会使一系列这样的祈使句变得合理。因此，发布指令不是一种教的方法，祈使句的合理使用有赖于此前的教。

最后，我们认为，"教某人如何做某事"针对的是技能获取，有别于"教某人去做某事"所针对的规范获取。我们提出，以后者为代价来扩大前者的范围，往往是逃避责任的一种方式。这样的行动规范，恰恰是教的职责之所在。与这种区分有关，把课程方案转译为前面提及的这样那样的形式，是一种准确指出所涉及问题的方法。类似地，在其他课程讨论中使用教的三种模型，可能有助于我们澄清目标，并评估当下的决策。

与第一部分呈现的通用策略类似，本书第二部分提出的这些考虑，也适用于那些未经讨论的案例。比如，教的观念涉及的方式问题，除了提及的心理学和社会科学观念之外，还可以结合别种教的观念来探讨。同样，"成功"用法与"意向"用法、周延规则与不周延规则、效用解释与非效用解释以及合理命令与不合理命令的区分，也完全可以用于本书未予处理的其他教育问题。

同样与本书第一部分类似的是，我们讨论的案例本身也与教育各有关联。比如，我们对于教和教师教育的"行为主义"解释的评判，我们对于认可学生理性的强调，我们对于教育研究的态度，以及我们对于道德教育的分析，都涉及教育理论上的重大课题。

不过，仍有大量有待研究的问题，不是去应用本书发展的这些观念，而是去探索不同但相关的领域。我们的讨论集中在教的观念上，其他教育观念也同样迫切需要分析。诸如纪律、成熟、学习、理解与解释等接近心灵哲学以及知识哲学的观念，需要从教育的视角进行考察。同样，权威、责任和行为制度化等接近道德哲学以及社会哲学的观念，也可以从教育关切的角度进行有益的分析。

这些研究以及前文提及的应用，有可能修订或细化正文部分提出的那些概念。必须重申，本书提出的这些概念始终只是作为假说，而不认为它们有绝对性、自明性又或者是定论。希望这些概念能进一步推动对于教育问题的评判性分析。